Walter Höhn

Die 50 schönsten Reisewege in der

Thüringischen

Rhön

MICHAEL IMHOF VERLAG

DANK

Der Autor bedankt sich bei der Familie Holzhauer aus Vacha, Karl-Friedrich Abe, Regina Filler, Robert Trautwein, Klaus Enders, Ilona Mechelke. Besonderer Dank gilt meinem Verleger Dr. Michael Imhof und seinem Team für die hilfreiche Unterstützung.

Walter Höhn

Abbildungen auf dem Umschlag:
Vorderseite: Zella in der Rhön (o.); Bad Salzungen, Seepromenade (u. l.); Schäfer Arnd Schilling mit seinen Rhönschafen (u. M.); Südthüringer Staatstheater Meiningen (u. r.)
Rückseite: Dermbach im Feldatal (o.); Wasungen, Stadtmuseum (u. l.); Bad Salzungen, Solewelt (u. M.); Helmershausen, „Dom der Rhön" (u. r.)

IMPRESSUM

© 2017 Michael Imhof Verlag GmbH & Co. KG
Stettiner Straße 25 | 36100 Petersberg
Tel.: 0661/2919166-0 | Fax: 0661/2919166-9
info@imhof-verlag.de | www.imhof-verlag.com

Gestaltung und Reproduktion: Meike Krombholz, Michael Imhof Verlag
Lektorat: Dorothee Baganz, Michael Imhof Verlag
Druck: Graphisches Centrum Cuno, Calbe

Printed in EU

ISBN 978-3-7319-0463-2

Bad Salzungen, Solewelt

INHALT

Vorwort 6
Vacha, das Tor zur Rhön 10
Hinauf ins Oechsetal 14
Am Fuße des Öchsenberges, Völkershausen 16
Wölferbütt 18
Hinauf auf den Dietrichsberg 20
Vom Sagenberg, dem Baier 22
Walpurgisnacht und Motorradtreffen in Gehaus und Oechsen .. 24
Der blaue Berg, der Arzberg 26
Von weißen Bergen und einem Schleppertreffen 28
Sünna und die Hofgemeinden 30
Die Kelten auf dem Öchsenberg und in Sünna 32
Mittleres Ulstertal: Geisaer Amt mit Buttlar und Bermbach . 36
Geisa, die Stadt am Rain 38
Rund um den Rockenstuhl: Geismar, Spahl und Motzlar 42
Von Schleid in das Kohlbachtal 44
Unteres Feldatal: Stadtlengsfeld und Weilar 46
Vom Baiershof und der Waldherberge 48
Das Wanderparadies am Emberg 50
Dermbach 52
Von Grünen Märkten auf dem Rhönlandhof 56
Der Schönsee 58
Die Kutten und ein Country-Festival 60
Ibengarten und Rhönpaulushöhle 62
Das Fledermausdorf Neidhartshausen 63
Propstei und Klostergarten Zella 64
Vom Gläserberg zum Katzenstein 66
Die Schnitzerdörfer 68
Der Hexenpfad bei Fischbach 69
Klings und die „Altenberg-Baude" 70
Kaltennordheim und die kalten Dörfer 71
Kaltenlengsfeld, das tanzende Dorf 74

Die Arche Rhön in der Erlebniswelt Rhönwald	77
Frankenheim und der Ellenbogen	78
Vom Herpftal auf die Hohe Geba	80
Helmershausen und Seeba	82
Der östlichste Teil der thüringischen Rhön: Stedtlingen	84
Henneberg und Bauerbach	86
Theaterstadt Meiningen	89
Märchenhöhle Walldorf	95
Über Herpf ins Brunnendorf Stepfershausen	96
Vom Westernturnier in Dörrensolz zum Kunstdorf Oepfershausen	98
Das Seerosenwunder bei Eckardts und das Dorf Zillbach	100
Roßdorf und das Bayerndenkmal	102
Das Wanderhüttenparadies und die Wiesenthaler Schweiz	104
Das Westerndorf im Rosatal	106
Das Karnevalsstädtchen Wasungen	108
Breitungen und sein Aktivmuseum – Ländliches Brauchtum	110
Der Pleßberg	112
Solestadt Bad Salzungen	114
Rund um den Krayenberg	120
Wanderlied	125
Wichtige Ansprechpartner	126
Literaturauswahl	127
Bildnachweis	127

VORWORT

Eines der interessantesten Mittelgebirge Deutschlands ist die Rhön. Vor Jahrmillionen schufen die Feuer der Vulkane die einmalige schöne Landschaft, die man das *Land der offenen Fernen* nennt: eine Vielfalt aus Bergen vulkanischen Ursprungs, sanften Tälern mit Flüssen und Bachläufen, kleinen Städten und Dörfern mit roten Ziegeldächern, umgeben von Feldern, Fluren und Wäldern, die die Jahreszeiten verschieden färben – eine fast intakte Natur mit reicher Fauna und Flora.

Von den basaltenen Bergeshöhen reicht der Blick weit ins Land, das mitten im Herzen Deutschlands die thüringische, hessische und bayrische Rhön zu einer der anmutigsten Landschaften vereint.

1991 wurde die Rhön von der UNESCO als Biosphärenreservat geadelt. Sie trägt nunmehr das Prädikat „Region der Zukunft" – auf dem Weg zu einer nachhaltigen Entwicklung. Ziel ist, die einzigartige Kulturlandschaft zu erhalten, dafür zu sorgen, dass Menschen und Natur im Einklang miteinander leben, sodass auch künftige

Sünna und der Ulsterberg

Generationen die Landschaft, das Naturparadies Rhön, erleben können.

In unserem Buch möchten wir in Wort und Bild besondere Kostbarkeiten der thüringischen Rhön vorstellen, Städte, Dörfer, schöne Landschaften, Reisewege zu Ausflugszielen, faszinierende Natur.

Ohne Anspruch auf Vollständigkeit zu erheben, haben wir den Bogen doch etwas weiter gezogen und so werden auch Dörfer und Städte im Werratal benannt. Seit jeher grenzt die Werra in nördlicher und nordöstlicher Richtung das Bergland der Rhön von den Ausläufern des Thüringer Waldes ab.

Das Buch ist kein Wanderführer der üblichen Art, vielmehr ein Versuch, die Vielfalt der Reisewege und Ziele widerzuspiegeln – z. B. Landschafts- und Naturerlebnisse, Städte und Dörfer –, sowie geschichtliche Daten und kunsthistorische Gebäude, aber auch Feste und Feiern zu benennen und über Beispiele des Zusammenlebens der Menschen dieses Landstrichs zu berichten. Es beschränkt sich somit nicht nur auf den Tourismus und die Anliegen des Biosphärenreservates Rhön. Aus der Sicht des Autors soll dem Leser die Mannigfaltigkeit der Kulturlandschaft Rhön vermittelt werden.

Wandern im Winterwald

Auch möchte er dazu beitragen, bezüglich der literarischen Darstellung der thüringischen Rhön gegenüber ihren beiden Schwestern aufzuholen, um die Rhön in ihrer Gesamtheit zu verstehen.

Seit der deutschen Wiedervereinigung hat sich viel getan. Das Antlitz der Städte und Dörfer, die Infrastruktur, das Wander- und Wegenetz, der Tourismus, all das hat sich positiv entwickelt. Da erkennt man keinen Unterschied mehr gegenüber der hessischen und bayrischen Rhön.

In Zusammenarbeit mit den Kommunen, Vereinen und touristischen Unternehmen ist in den Landkreisen Wartburgkreis und Schmalkalden-Meiningen in den letzten Jahren Beachtliches geleistet worden. Eine wichtige touristische Infrastruktur konnte dank der Arbeit des Rhönforum e. V. entstehen. Partner dabei war die thüringische Verwaltungsstelle des Biosphärenreservats Rhön, die ihrerseits im Sinne der Modellregion für Nachhaltigkeit erfolgreich tätig ist. Der Rhönklub mit seinen Zweigvereinen, Wandervereine, Naturfreunde, Freunde des Naturschutzes, Kulturschaffende, Heimatvereine, viele ehrenamtlich tätige Bürger in Städten und Gemeinden haben dazu beigetragen, die Kulturlandschaft Rhön immer wieder aufs Neue zu beleben. Fördermittel des Freistaates waren eine wichtige Hilfe.

Es gibt mittlerweile in der thüringischen Rhön sechs Premium-Wanderwege (DER HOCHRHÖNER und fünf Extratouren), einheitlich beschilderte Ortsrundwanderwege, Erlebniswege, ein gut ausgebautes Netz von Radwegen, Wanderhütten an exponierten Aussichtspunkten und vieles mehr. Gaststätten und Hotels laden ein.

Auskunft geben zahlreiche Informationsmaterialien, neu entstandene Informationsknotenpunkte und digitale Informationsmöglichkeiten, z. B. www.rhoen.de, thueringerrhoen.de.

Gehen Sie mit uns, liebe Leser, um im Wartburgkreis und Landkreis Schmalkalden-Meiningen die thüringische Rhön zwischen Werra und Ellenbogen zu erkunden und um zu entdecken, was dort Schönes zu sehen und Wertvolles zu erhalten ist.

Im Werratal – Vacha (vorn) und Philippsthal (links)

VACHA, DAS TOR ZUR RHÖN

Unsere Reise durch die thüringische Rhön beginnt in Vacha. Im grünen Herzen Deutschlands gelegen, ist eines der ältesten Städtchen Südthüringens da zu finden, wo die Werra unweit der nördlichsten Rhönberge ins benachbarte Hessen fließt. Vacha nennt man gerne das „Tor zur Rhön".

2017 feiert man in Vacha 1200 Jahre Ersterwähnung. Seit 814/817 im Besitz des Klosters Fulda, wurde 1180–1186 unter Abt Konrad II. die Stadtgründung vollzogen. Die Terrassenlage an der Mündung der Oechse in die Werra, die Nähe der Hohen Straße sowie der Fernstraße Frankfurt-Leipzig an der Werrafurt wirkten sich günstig auf den Handel aus. Der alte Ortskern entwickelte sich um die Kirche und die sogenannte Kemenate. Im 12. Jahrhundert entstand die Siedlung mit dem Markt, über den im Mittelalter die Handelsstraßen führten.

Um das Jahr 1200 lässt der fuldaische Abt Heinrich IV. die Stadt mit Türmen, Gräben, Wällen und Mauern befestigen, von denen noch Reste (z. B. Teile der Stadtmauer und die Storchentürme) vorhanden sind.

Ein bedeutendes Ereignis im Mittelalter war der Bauernkrieg. Aus Vacha stammt Hans Sippel, der Anführer des Werrahaufens, der 1525 in Eisenach geköpft wurde. An ihn erinnert ein Bronzerelief an der Mauer der Burg Wendelstein. Eine weitere bedeutende Persönlichkeit Vachas war der 1501 im „Goldenen Engel" geborene Reformator Georg Witzel.

1781 wird Johann Gottfried Seume in Vacha zum Militär geworben. Das Gymnasium des Städtchens trägt seinen Namen.

Nach der Niederlage Napoleons bei Leipzig im Oktober 1813 zog sich dessen Armee zurück. Der französische Kaiser traf am 27. Oktober in Vacha ein, logierte in der „Widemark" und brach am nächsten Morgen überstürzt auf.

Für einen entscheidenden wirtschaftlichen Aufschwung sorgte die Erschließung der Kalisalzlagerstätten, ebenso das 1919 entstandene Kabelwerk.

Nach dem Zweiten Weltkrieg war Vacha Grenzstadt zwischen zwei Weltsystemen. Kurz nach dem Mauerfall, am 12. November 1989, wurde

Marktplatz

die Grenze zwischen Vacha und Philippsthal wieder geöffnet.
Geschichtsträchtige Bauten der Stadt:
- **Sandsteinbrücke „Brücke der Einheit"** von imponierender Länge mit 14 Bögen. Sie ist 1342 an Stelle einer alten Holzbrücke entstanden. Die im Zweiten Weltkrieg gesprengten Bögen wurden 1951/52 in Stein wieder errichtet. Wegen der innerdeutschen Grenze bis zur Wende gesperrt, verbindet sie heute, was einst getrennt war. Die historische Werrabrücke befindet sich im Schnittpunkt verschiedenster touristischer Routen. Sie liegt am vielbefahrenen Werratal-Radweg und wird als

Hans Sippel, Bronzerelief, Burg Wendelstein

Fuß- und Radweg genutzt. In Vacha treffen sich diverse Fernwanderwege und der örtliche Grenz- und Gedächtnisweg verläuft ebenfalls durch den Ort. Und im „Zuge der Via Regia endet hier der ökumenische Pilgerweg Görlitz-Vacha. Ausgeschildert vom Rhönklubzweigverein Vacha führt er als Jakobsweg weiter durch die Rhön ...", schreibt der Vorsitzende des Heimatvereins Olaf Ditzel.

- **Burg Wendelstein**, heute Heimatmuseum mit Grenzausstellung, Kelteninformation, Puppenausstellung und begehbarem Aussichtsturm.
- **Der Marktplatz** mit giebelseitigen Häusern im hessischen Fachwerkstil: Widemark, Alte Münze (1455), Knusperhäuschen (1501), Einhornapotheke (um 1780). Während der Saison finden auf dem Marktplatz wöchentlich immer am Donnerstag Märkte und Ende November der traditionelle vorweihnachtliche Herzermarkt statt.
- Das große – auch „**Widemark**" genannte – Fachwerkhaus, seit 1911 Rathaus, wurde 1613 von Hans Weber für den landgräflichen Amtmann Caspar Widemarkter erbaut. Im Flur ist ein Wandgemälde zur Stadtgeschichte zu sehen und im Ratskeller befindet sich eine ansehnliche Wendeltreppe. Das repräsentative Fachwerkgebäude ist eines der schöns-

Burg Wendelstein

„Widemark" – Rathaus

ten Rathäuser Thüringens. Vor dem Rathaus schmückt der Vitusbrunnen den Marktplatz.
- **Evangelische Johanneskirche**, erbaut 1821–24; **Gottesackerkirche**, auch Klosterkirche genannt, mit spätgotischen Wandfresken, ursprünglich um 1400 erbaut; weiterhin die **Katholische Pfarrkirche St. Elisabeth** am Sandweg, erbaut als schöne Saalkirche um 1906.
- Klosterruine der **Wallfahrtskapelle St. Annen** mit schöner Aussicht über Gartenanlagen, Stadt und Landschaft im Werratal.
- Neu ist ein sanierter **Grenzturm** mit Ausstellung.

Wandgemälde zur Stadtgeschichte im Rathaus, Ausschnitt

Im Rosengarten der Familie Holzhauer – gern besucht am „Tag der offenen Gärten"

HINAUF INS OECHSETAL

In Vacha beginnend führt das Oechsetal in südliche Richtung am Hausberg, dem Öchsenberg, vorbei hinauf in die Vorderrhön. War das Tal unten noch eng und der Aufstieg zum Öchsenberg steil, so weitet sich die Landschaft oberhalb des Busengrabens. Vor uns ragen typische Basaltkegel der Kuppenrhön empor: der Dietrichsberg, der Arzberg, der Hohe Stern, die Sachsenburg und der mächtige Baier. Auf den Bergen gedeihen urige Buchenwälder, umsäumt von Kalkmagerrasen mit ihren typisch wuchernden Wacholderbüschen, farbenprächtigen Orchideen, weißen Anemonen und blauem Enzian im Frühjahr und Sommer sowie Silber- und Golddisteln im Herbst. Auf den Sandböden des Schorn und der Heide linkerhand wachsen Fichten, Kiefern und Lärchen, dazwischen auch Birken und andere Laubhölzer.

Im Talesgrund sprudelt der Bachlauf der Oechse, in dem sich die rot getupften Bachforellen tummeln. Wer besonders Glück hat, kann im grünen Wiesengrund sogar den stolzen Schwarzstorch stehen sehen. Bunt gescheckte

Mutterkühe mit ihren putzmunteren Kälbern weiden hingegen während der Vegetationszeit fortwährend im Oechsegrund.

Zur Stadt Vacha gehörend siedeln im sanften Tal und etwas oberhalb die schmucken Dörfer Martinroda, Völkershausen und Wölferbütt mit ihren zum Teil gut erhaltenen Fachwerkhäusern, farbenfrohen Häuserfassaden und Neubauten.

Öchsenberg

Schwarzstorch

Bachlauf der Oechse

Oberes Oechsetal

AM FUSSE DES ÖCHSENBERGES, VÖLKERSHAUSEN

Das etwas größere Dorf – 1214 erstmals urkundlich erwähnt – liegt unterhalb des Öchsen- und Dietrichsberges.
Das ehemalige Schloss wurde 1718 als Sommersitz des Landgrafen Georg von Hessen erbaut. Geblieben ist bis heute die **Wandelhalle**, ein schöner Saal, der für verschiedene, auch festliche Anlässe genutzt wird. Die **Freilichtbühne** mit ihren vielen Sitzreihen gleich neben der Wandelhalle eignet sich besonders gut für gesellige Veranstaltungen, so auch die Mehrzweckhalle am Sportplatz. Letztere ist der Ausgangspunkt für viele Wanderer des ganzen Landes, die sich stets Anfang April auf Einladung des Vereins der Wanderfreunde Völkershausen zum gemeinsamen Wandern treffen.
Sehenswert ist in Völkershausen des Weiteren die hoch aufragende **Michaeliskirche** mit moderner Verglasung und dem fast neun Meter hohen Orgelprospekt. Sie war 1990 bis 1992 neu aufgebaut worden, nachdem ein fürchterlicher

Michaeliskirche

Völkershausen

Gebirgsschlag am 13. März 1989, ein Einsturzbeben im Kaliabbaugebiet, die Vorgängerkirche zerstört hatte.
Von Vacha kommend zweigt neben Völkershausen die Straße links nach **Martinroda** ab. Das kleine Dorf liegt auf einer großflächigen Anhöhe, von keinem Berg geschützt, Wind und Wetter ausgesetzt. Seine gutaussehenden Häuser und Gärten reichen bis an den Wald.
Fast ebenerdig gelangt man im Wald zur Martinrodaer Hütte, einer **Finnhütte** des Thüringen-Forst. Hier konnte man 2016 stattliche Pferdegespanne beim Holzrücken beobachten – ein landesweiter Leistungsvergleich.

Finnhütte bei Martinroda

WÖLFERBÜTT

Als zum Ende des Dreißigjährigen Krieges die Not besonders groß war und selbst die Wölfe Hunger leiden mussten, hat sich einer Erzählung zufolge ein besonders gieriger Isegrim bis an das Dorf herangewagt. Als ihn die armen Bauern einfangen wollten, soll er sich in einer Bütt versteckt haben, die in der Borngasse zum Wasserholen abgestellt worden war. Der Legende nach ergab sich daraus der Ortsname **Wölferbütt**.

Das Dorf geht auf das vormalige Steininfeld, später Steinfeld zurück, dass 786 erstmals urkundlich erwähnt wurde. Bekanntheit erlangte der Ort durch den bedeutendsten Mundartdichter der Rhön, August Herbart, der am 1. Dezember 1851 in Wölferbütt geboren wurde und hier aufgewachsen ist. Es war jene Zeit des Flachsanbaus und der verklärten Spinnstubenabende, in denen die Mädchen und Burschen das Tanzen noch nach der Maultrommel lernten.

Als Lehrer in Eisenach tätig, schrieb Herbart wundersame Gedichte und Geschichten über sein Heimatdorf und die Rhön, veröffentlicht in dem Buch „Rhönklänge".

August Herbart verstarb am 24. Oktober 1936 in Eisenach. Ein Gedenkstein am Dorfplatz und die nach ihm benannte Dorfstraße halten den Mundartdichter in ehrender Erinnerung.

In den 70er und 80er Jahren des vorigen Jahrhunderts machten Dorffestspiele und das Dorfensemble Wölferbütt den Ort bis weit über die Landesgrenze hinweg bekannt.

Wölferbütt ist heute ein Dorf mit schönen Häusern, dem Dorfplatz mit neuer Tanzfläche, einem funktionierenden Backhaus, dem Dorfbrunnen neben der Linde und einem gut besuchten Gasthaus.

August-Herbart-Gedenkstein

Reich beschnitztes Fachwerkhaus in Masbach

Am Dorfplatz

HINAUF AUF DEN DIETRICHSBERG

Vom Dorf aus lohnt sich der Aufstieg auf den nahen **Dietrichsberg**. Am besten orientiert man sich, indem man dem mit einem roten *K* gekennzeichneten Keltenpfad folgt. Man kommt am Waldrand an, wo einst die jetzt gefassten Quellen sprudelten, jene der Wunderquellen, die August Herbart beschrieb.

Die Wunderquelle
Im Rhöngebirge quillt ein Born,
der macht Euch frisch und munter.
Er fließt durch Wiesen, Busch und Dorn
zum Bach im Tal hinunter.

Wer davon schlürft, erhält sich jung
und flink wie die Forelle,
drum lob ich mir die Wanderung
zu jener Wunderquelle.

Märzenbecher beim Säulenbasaltsteinbruch

Jagdhornbläser vor der Jagd- und Naturschutzhütte

Klosterruine in Mariengart

Erfrischt und gestärkt erreicht man nach nicht allzu schwierigem Aufstieg das geologische Bodendenkmal, den alten **Säulenbasaltbruch**. So sehen die Berggipfel der Rhön im Inneren aus. Kaum dass der letzte Schnee geschmolzen ist, läuten hier unzählige Märzenbecher zwischen grünbemoosten Basaltsteinen den Frühling ein – eines der größten Märzenbechervorkommen in der Rhön. Urige Bäume erinnern an Sagen und Mythen eines Märchenwaldes.

Oben auf dem **Geißköpfchen**, unweit vom Säulenbruch, könnte sich eine Kultstätte der Kelten befunden haben. Von der Blocksteinhalde hat man eine fantastische Fernsicht, bei guter Sicht sogar bis zur Wartburg bei Eisenach und über die Rhönberge bis zu den Höhenzügen des Thüringer Waldes mit Großem Inselsberg und Rennsteig.

Auf dem Rückweg kommt man zur großen Wiese mit der **Jagd- und Naturschutzhütte.** Der Blick reicht über den Arzberg bis zur hohen Rhön mit Milseburg und Wasserkuppe.

Welch ein Gefühl hier oben zu stehen, ins weite Land zu sehen, das Lied des Waldes, den Gesang der Vögel, das Rauschen des Windes zu hören, den Duft der Wiese, der Blumen und Kräuter, der Bäume und Sträucher zu atmen.

Auf dem Rückweg erinnert in Mariengart, einem Ortsteil von Wölferbütt, eine **Klosterruine** an längst vergangene Geschichte.

VOM SAGENBERG, DEM BAIER

An der Reismühle im Oechsetal vorbei führt über die Oechse und die dortige Kreuzung die Straße nach **Gehaus**. Hausberg ist der 714 Meter hohe **Baier.** Das sagenumwobene Bergmassiv, das weithin das Landschaftsbild zwischen Oechse- und Feldatal bestimmt, ist gewaltig und dominant.

Relativ weit oben ist ein archäologisches Bodendenkmal zu entdecken: **Reste keltischer Steinwälle.** Es gehört etwas Fantasie dazu sich vorzustellen, dass vor ca. 2500 Jahren Kelten diese damals 4–5 Meter hohen Steinmauern zum Schutze ihrer Siedlung errichtet haben. Hohe Bäume auf dem Gipfel verwehren den Ausblick.

Seit jeher beflügelte der geheimnisvolle Baier die Gedankenwelt der Menschen. Aus dem reichen **Schatz der Sagen** erzählt eine vom Otternkönig am Baier, aufgeschrieben von Christian Ludwig Wucke aus Bad Salzungen und illustriert von der Unteralbaer Künstlerin Romana Blum-Bellinger.

Vom Otternkönig am Baier

„Am Baier hauste ein Otternkönig, der trug ein gar prächtiges Krönlein von gediegenem Golde, welches er jedes Mal, wenn er sich in der Mittagsstunde in einer Quelle am Berge badete, auf den grünen Rasen niederlegte.

Solches hatte nun ein feiner Junker gesehen, und da es ihm nach dem Krönlein gelüstete, so machte er sich eines Morgens nach jener Quelle auf den Weg, band sein Ross an einen Baum und breitete seinen Mantel an der Stelle aus, wo der Otternkönig sein Krönlein vor dem Baden niederzulegen pflegte. Dieser ließ denn auch nicht lange auf sich warten, legte das glitzernde Kleinod auf den Mantel und schlüpfte in die Quelle. Leise schlich sich jetzt der Junker dorthin, raffte den Mantel mit dem Krönlein auf, band ihn fest zusammen, schwang sich auf sein Ross und machte sich mit seinem Fund aus dem Staube. Doch ehe er noch das Ende des

Baier

Waldes erreichte, hatte auch schon der Otternkönig seinen Verlust entdeckt und stieß einen so gellenden Pfiff aus, dass im selbigen Augenblick alles Gewürm des Berges in Aufruhr geriet und der Junker, so schnell er auch mit seinem Rosse dahinjagte, von demselben gar bald eingeholt war, das im Nu die Beine des Rosses umringelte und sich zischend nach ihm selbst empor drängte. Als der Junker dies mit Entsetzen gewahrte, schleuderte er den Mantel samt der Krone weit von sich und trieb sein Ross zu noch größeren Sprüngen an. Im selbigen Augenblick verließ ihn denn auch das Gewürm, stürzte sich auf den Mantel und zerbiss ihn in tausend Stücke, während der Otternkönig von seinem verlorenen Krönlein wieder Besitz nahm".

Der Otternkönig vom Baier liebt sein Krönlein mehr als sein Leben

Blick vom Baier auf Oechsen und den Arzberg

WALPURGISNACHT UND MOTORRADTREFFEN IN GEHAUS UND OECHSEN

Das Dorf **Gehaus** soll 1355 erstmals urkundlich erwähnt worden sein. 1506 kaufte Ludwig von Boineburg Gehaus – damals wohl nur ein Hof. Das Besondere des jetzt doch anschaulichen Dorfes ist das **Schloss,** zu dem eine ausgedehnte Parkanlage gehört. Im **Landschaftspark** befinden sich eine steinsichtige Kapelle aus dem Jahr 1882 und eine kleine Teichanlage. Für Freilichtveranstaltungen wird ein idyllischer Festplatz mit Freilichtbühne genutzt. Hier tummeln sich zur **Walpurgisnacht** am Vorabend des 1. Mai alljährlich Hexen und Dämonen, bevor sie auf den Hexentanzplatz im Harz weiterfliegen.

Neben dem Schloss, das im 18. Jahrhundert von den Herren von Boineburg errichtet wurde, ragt der Fassadenturm der evangelischen Saalkirche empor.

Unweit von Gehaus befindet sich das etwas größere Dorf **Oechsen**, ein typisches Haufendorf der Kuppenrhön mit erhöht angelegtem, ummauertem Dorfplatz, den eine mächtige Linde ziert. Die ringförmige Dorfstraße weist großenteils giebelständige Fachwerkhäuser des 18./19. Jahrhunderts mit geschnitzten, farbig gefassten Eckständern und Schwellen auf. Schon 977 wurden Güter des Klosters Rasdorf in Oechsen erwähnt.

Schloss in Gehaus

Es lohnt sich, das schöne Dorf zu besuchen. Beeindruckend und einmalig ist der in Lindgrün und Gold verzierte Innenraum der **evangelischen Pfarrkirche** mit Doppelemporen und Orgelprospekt.

Zum jährlichen **Motorradtreffen** im August kommen über 1000 Biker nach Oechsen, ein großes Fest, zu dem auch die **Oechsener Blasmusikkapelle** aufspielt.

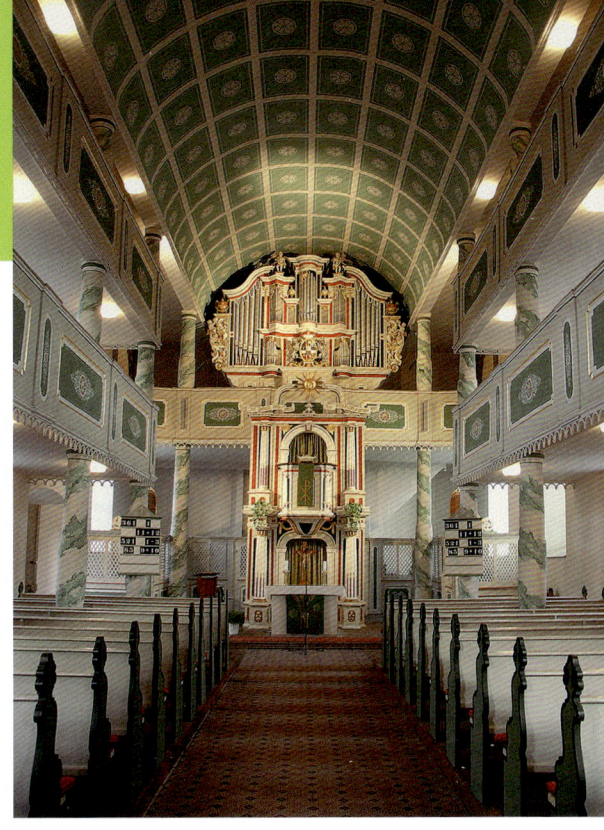

Innenraum der evangelischen Pfarrkirche

Motorradtreffen in Oechsen

DER BLAUE BERG, DER ARZBERG

Landschaftlich abgeschlossen wird das obere Oechsetal vom **Arzberg**, den man auch den **blauen Berg** nennt. Der unter Naturschutz stehende Berg trägt diesen Namen, weil um Ostern herum ein kleines Blümlein – die *Scilla bifolia*, der Zweiblättrige Blaustern – den gesamten Gipfel und Teile des Südhangs blau färbt.

Bevor wir auf den Berg steigen, sehen wir uns unweit des Arzberges um. Von Mariengart über die Masbacher Höfe kommend erstrecken sich in westlicher Richtung Ausläufer des Dietrichsberges in eine bezaubernde Landschaft: die **Kalkmagerrasen des Masbacher Berges**, die unter Naturschutz stehen. Gekennzeichnet von zum Teil hohen Wacholderbüschen gedeihen hier im Frühling und Sommer farbenprächtige Orchideen, weiße Anemonen, Ästige Graslilien und im Spätsommer und Herbst blauer Enzian, Gold- und Silberdisteln. Von dieser Anhöhe reicht der Blick über das weite Tal mit seinen Dörfern bis zum Baier, der Sachsenburg und zum Arzberg.

Nach kurzer Rast weiterwandernd erreicht man im schattigen Laubwald die **Mieswarzer Klippen**, ein Fleckchen urig kleiner, schroff abfallender Muschelkalkfelsen. Von hier aus sieht man ins „Geisaer Amt", und zu Füßen das Dörflein Mieswarz mit dem Landhaus Zimmermann, dahinter Borbels.

Zum Greifen nah ist **der Arzberg**, eine geschützte Kernzone im Biosphärenreservat Rhön.

Man erreicht den Berg vom kleinen, aber feinen **Otzbach** her, am Friedhof vorbeigehend. Kommt man direkt von Masbach, fällt im Wald vor Beginn des steinigen Steilhangs ein **archäologisches Bodendenkmal** auf: eine runde, nicht allzu tiefe Bodensenke. Hier schürften die Kelten vor langer Zeit Eisenerze. Daher stammt der Name „Arzberg", abgeleitet von „Erz".

Nach einem steilen Aufstieg über die von vielen, oft sehr großen Basaltsteinen überlagerten Flächen erreicht man im Frühling ein wahres Blumenparadies. Nachdem man unterwegs wohlriechenden Seidelbast und grünen Aronstab hat blühen sehen, strahlen weiter oben Märzenbe-

Blick von den Mieswarzer Klippen

Scilla, Ästige Graslilie, Enzian und Bienen-Ragwurz

cher sowie weißer und lilafarbener Hohler Lärchensporn um die Wette. Übertroffen aber wird das Ganze vom alles dominierenden Blau der kleinen *Scilla* – ein seltenes Naturschauspiel. Kommt man etwas zu spät, könnte schon ein grüner Teppich üppig wachsenden Waldbingelkrauts das blaue Wunder überdecken.
In Otzbach oder in den Nachbarorten kann man sich kundig machen, wann der richtige Zeitpunkt ist, z. B. auch im **Landhaus Zimmermann** in **Mieswarz.** Hier kehren Wanderer und andere Gäste gerne ein, zumal man im Gasthaus Rhöner Wurstspezialitäten aus hauseigener Schlachtung verzehren kann.
Gedanklich kehren wir zurück zum Ausgangspunkt unserer Reise durch die thüringische Rhön, dorthin, wo das Flüsschen Ulster unweit von Vacha und Philippsthal in die Werra mündet.

Arzberg

VON WEISSEN BERGEN UND EINEM SCHLEPPERTREFFEN

Die Städtchen und Dörfer des einstigen Notstandsgebietes Rhön, in dem es mehr Steine als Brot gab, verdanken ihren Aufstieg zu besserem Leben vor allem der aufkommenden Industrialisierung, vielen neuen Arbeitsplätzen und steigendem Einkommen zu Beginn des vorigen Jahrhunderts. Insbesondere war es in dieser Region die Erschließung der Kalisalze in tiefer Erde. Mit der Entwicklung des Bergbaus, weiterer Industrie und auch der landwirtschaftlichen Produktion und dank des sprichwörtlichen Fleißes seiner Bewohner kehrte langsam wachsend Wohlstand ein in die Städte und Dörfer der Rhön.

Schließlich entstand an der Werra das größte Kalikombinat Europas mit ca. 8000 Beschäftigten zu DDR-Zeiten. Geblieben ist nach der deutschen Wiedervereinigung als einziger Kalistandort Thüringens das Werk in Unterbreizbach mit etwa 700 Beschäftigten.

Richtet man seinen Blick auf die Fabrikanlagen, auf die Orte Räsa und Unterbreizbach, so fallen die weißen Berge auf, die vom hessischen Hattorf und von Heringen aus herüberleuchten. Dabei handelt es sich um Kaliabraumhalden wie den **Monte Kali bei Heringen,** den man zum Ausschau halten besteigen kann.

Zur großen Gemeinde Unterbreizbach gehören neben der Stammgemeinde das Nachbardorf Pferdsdorf, Sünna und die Hofgemeinden Deicheroda, Mosa, Hüttenroda und Mühlwärts.

Unterbreizbach und **Räsa** breiten sich neben den Schachtanlagen aus. Fachwerkhäuser in Unterbreizbach aus dem 17./18. Jahrhundert weisen zum Teil gleiche Ornamentformen wie an der Widemark in Vacha auf. Charakteristisch ist

Bergmannsfest

Schleppertreffen in Pferdsdorf

der breite Dacherker mit langer Hoffront. Ansehnlich ist die evangelische Filialkirche, deren Bronzeglocke bereits 1473 in Erfurt gegossen worden sein soll.
Das stattliche **Kulturhaus** ist Stätte zahlreicher Veranstaltungen. Jährlicher Höhepunkt ist das **Bergmannsfest** Anfang Juli mit Bergmannskapelle und Umzug der Bergleute.
Das Nachbardorf **Pferdsdorf** im Ulstertal ist ein sehr altes Bauerndorf, ein Haufendorf mit zwei Längs- und vier Querachsen; malerisch das Ortsbild mit Fachwerkhäusern aus dem 18./19. Jahrhundert. Zu bewundern sind geschnitzte Eckständer, Schwellen und Balkenköpfe. Ummauert ist die **Chorturmkirche** aus dem Jahre 1743. Auf der Trift umsäumen schattenspendende Laubbäume einen kleinen Festplatz. Chortreffen und andere Veranstaltungen finden hier statt. Weithin bekannt ist das jährliche **Schleppertreffen** im Sommer. Es ist zur schönen Tradition geworden. Das ganze Dorf ist auf den Beinen und beteiligt sich daran, guter Gastgeber für Aktive und Gäste zu sein. 2016 ratterten 235 Schlepper aller Art durch die Dorfstraßen.

Unterbreizbach mit Ortsteil Räsa

SÜNNA UND DIE HOFGEMEINDEN

*N*un wartet auf uns das größere Dorf **Sünna**. Daneben befindet sich der Ulsterberg und auf der anderen, östlichen Seite liegen die Berge Öchsen und Dietrich.

Sünna

Sünna zählt dank des geschlossenen Straßenbildes der **Thomas-Müntzer-Straße** mit vielen giebelständigen Fachwerkhäusern, die geschnitzte Elemente wie farbig gefasste Eckpfosten und Balkenköpfe aufweisen, zu den schönsten Dörfern der thüringischen Rhön. Im Dorf gibt es weitere Fachwerkhäuser und andere schöne Gebäude. Besonders ansehnlich ist der Kirchplatz mit **Kirche** und Pfarrhaus auf zentraler, das Dorf beherrschender Anhöhe. Der befestigte Kirchhof wurde 1385 erstmals erwähnt. Beim barocken Umbau der Kirche in den Jahren 1713–20 bekam sie im Inneren ihre außergewöhnliche, mit vielen Bildern bereicherte Gestalt.

Das Dorf kann auf eine lange Geschichte zurückblicken, denn in der Zeit vom 5.–1. Jahrhundert vor Christi Geburt trug der Hausberg, der Öchsen, eine fast stadtähnliche Keltensiedlung. Waren dies möglicherweise auch die Anfänge von Sünna?

Stausee bei Hüttenroda

Noch in dem Teil dieses Landstrichs, neben bzw. östlich von Schacht II des Kalibetriebes Unterbreizbach, beleben die kleinen Hofgemeinden **Mühlwärts, Hüttenroda, Mosa** und **Deicheroda** das Landschaftsbild. Schöne Fachwerkhäuser und mehr noch die mit weißen Rosen bepflanzten Rabatten in Deicheroda machen das Besondere der Hofgemeinden aus. Die Bauernhöfe waren einst bekannt wegen ihrer Herdbuchzucht des Höhenfleckviehs, der rotweiß und gelb gescheckten Kühe, die besonders in der Rhön weiden. Und bei Hüttenroda befindet sich noch ein kleiner Stausee, auf den am Abend viele Stockenten einfliegen und der von den einheimischen Anglern liebevoll gepflegt wird.

DIE KELTEN AUF DEM ÖCHSENBERG UND IN SÜNNA

Die Kelten, jene kriegerischen Familien- und Stammesverbände, die die Griechen „Celtane" oder Caltoi" nannten, tauchten vor fast 3000 Jahren aus dem Nebel der Geschichte auf und verschwanden auf tragische Weise in unseren Breiten zu Beginn der Neuzeit.

Ihr nördlichstes Ausbreitungsgebiet reichte hierzulande bis in die Rhön. Etwa 600 Jahre vor unserer Zeitrechnung entstanden auf Bergen befestigte Anlagen mit Gräben und hohen Schutzwällen.

Archäologische Forschungen und Funde bezeugen, dass die Kelten hervorragende Ackerbau-

Keltenkreuz auf dem Öchsenberg

Panoramaaussicht vom Gipfel des Öchsenberges: Sünna, der Ulsterberg und das Hessische Kegelspiel am Horizont

Keltendorf

ern, Viehzüchter und Handwerker waren. Sie waren wahrhafte Meister im Schmieden von Eisen. Darum nannte man ihre Zeit auch die vorrömische Eisenzeit.

Reste keltischer Wallanlagen befinden sich auf dem Öchsenberg, dem Hausberg von Vacha. Bedeutende Funde auf dem Berg, wie Schwerter und Messer, der Torques von Deicheroda oder die Schnabelkanne von Borsch sind Beispiele

Keltendorf und Keltenhotel bei Sünna

der hohen Kunstfertigkeit der Grob- und Feinschmiede, die ihre Gebrauchsgegenstände kunstvoll verzierten. Auf einem zwischen Völkershausen und Martinroda in einem Steinhaufen gefundenen Stein ist ein Männerkopf mit Hörnern abgebildet. Man lebte also auch hier den Götterglauben der Kelten und verehrte den Geweihgott Cernunnos, den Gott der Tiere.

Mehr erfahren vom einstigen Leben der Kelten kann man v. a. im **Keltendorf Sünna**, das 2016 sein 10-jähriges Bestehen feierte. Besonders während der Keltenerlebnistage und während der angebotenen Führungen kann nachvollzogen werden, wie man damals gearbeitet, gewohnt und gefeiert haben mag.

links Mitte: Szenen aus dem Wandgemälde im Keltenhotel von Herbert Lochner

links: Keltendarsteller

Schnabelkanne von Borsch (Rekonstruktion)

Keltenpfad

Wanderhütte des Rhönklubzweigvereins Vacha

Auf dem **Keltenerlebnispfad,** mit einem roten *K* an Bäumen gekennzeichnet, geben 24 Schautafeln Auskunft über Relikte aus der Keltenzeit und vermitteln Wissenswertes von der umgebenden Natur und Landschaft.

Auf dem **Öchsenberg**, auf dessen Gipfel ein Keltenkreuz weit ins Land grüßt und von dem man bei guter Sicht einen fantastischen Panoramablick genießen kann, ist während der Saison von März bis November an Sonn- und Feiertagen die **Wanderhütte des Rhönklubzweigvereins Vacha** geöffnet. Wenn man Glück hat, kann man während der Wanderung auf dem Öchsenberg sogar einen Uhu oder gar die Dachse sehen.

Kulinarische Köstlichkeiten und angenehmen Aufenthalt bietet ebenso das **Keltenhotel** neben dem Keltendorf am Fuße des Berges.

Um die Keltenwelt Rhön zu erkunden, gestaltete das Rhönforum mit Sitz in Geisa eine Erlebniskarte mit 150 Kilometern Wanderstrecke. Zwei Ringrouten verknüpfen Informativ- und Erlebnisangebote mit Fundstellen und Ausflugszielen in der thüringischen Rhön. Die Karten sind im Keltendorf Sünna, im Keltenhotel und über das Rhönforum erhältlich.

Uhu

Dachse

MITTLERES ULSTERTAL: GEISAER AMT MIT BUTTLAR UND BERMBACH

„Geisaer Amt" nennt man den Teil der thüringischen Rhön, der an der Glaubensgrenze nach Sünna in südlicher Richtung beginnt.
In den katholischen Gemeinden dominieren hoch aufragende Kirchen mit sehenswerter Ausstattung das Ortsbild, meist kunsthistorisch wertvoll. Wenigentaft, Buttlar und Borsch, Bermbach mit Mieswarz und Borbels, Bremen, Otzbach, Geblar und Lenders – so viele Dörfer gehören zu diesem Teil des **„Geisaer Amtes"**.
Die alte Handelsstraße Leipzig-Frankfurt (heute B 84) verlässt kurz nach Buttlar Thüringen, um in Hessen weiterzuführen.
Buttlar wird urkundlich 1231 zum ersten Mal genannt, ein großes, schönes Dorf mit Kirchturm, der – 32 Meter hoch – wie eine weiße Kerze über roten Ziegeldächern weithin zu sehen ist.
Sehenswert ist auch das gut restaurierte **Schloss** mit zweigeschossigem Walmdach aus dem Jahr 1722. Hier wurden moderne Ferienwohnungen eingerichtet.
Zwischen Buttlar und Bermbach erhebt sich linkerhand der **Michelsberg** mit der **Wallfahrtskapelle**. Von **Bermbach** und seiner Sängerwiese geht ein beliebter **Naturlehrpfad** aus. Ein vielbefahrener **Radweg**, von Oechsen kommend, findet in Buttlar Anschluss an den Ulstertalradweg.
Eine kleine Ausflugsgaststätte auf der Sängerwiese ist von März bis Dezember donnerstags bis

Bremen in der Rhön

Buttlar

Schloss in Buttlar

sonntags und an Feiertagen von ca. 12–20 Uhr geöffnet (Tel.: 01577/3315874).
Flussaufwärts erreichen wir das große Dorf **Borsch** mit vielen schönen Fachwerkhäusern und gleich zwei Kirchen: die große, fast gewaltig wirkende **katholische Pfarrkirche St. Maria Magdalena** und die kleinere, beschauliche **Kapelle Maria Heimsuchung** am Ortsausgang in Richtung Geisa.

Wallfahrtskapelle auf dem Michelsberg

GEISA, DIE STADT AM RAIN

Zentrum des mittleren Ulstertales ist das Städtchen Geisa, malerisch auf einem langgezogenen Höhenrücken gelegen, umgeben von zahlreichen Basaltkuppen der Vorderrhön, die ebenfalls zum Teil von Kelten besiedelt waren.

817 im Besitz des Klosters Fulda, war der Gangolfiberg das Siedlungszentrum jener Zeit. Der höchste Punkt des umwehrten Geländes ist der **Schlossplatz**, auf dem sich das Schlossensemble mit dem **Geisaer Barockschloss** (Anfang 17. Jahrhundert), dem **Fürstlichen Schloss** (1540),

Geisa, Zentrum des mittleren Ulstertales

dem ehemaligen Gefängnis, einige Wirtschaftsgebäude und die evangelische Kirche (1860) befinden. In den Schlössern sind die **Point-Alpha-Stiftung**, die **Point-Alpha-Akademie**, ein Restaurant und ein Hotel untergebracht.

Am Eingang des Schlossplatzes befindet sich das **Stadtmuseum**. Ein bedeutendes Bauwerk ist auch die **katholische Stadtkirche St. Philippus und Jakobus** am unteren Ende des dreieckigen Marktplatzes. 1356 wird sie erstmals urkundlich erwähnt. Im Turm der Kirche befindet sich ein überregional bedeutsames Glockenspiel – ein Carillon mit 49 Bronzeglocken. Wechselnde Melodien erklingen täglich um 11, 15 und 19 Uhr. Schmuckstück und Wahrzeichen der Stadt ist das **Rathaus** am oberen Ende des Marktplatzes mit der bronzenen Ziege, der Geiß, davor. Gleich daneben erinnert das **Athanasius-Kircher-Haus** an den berühmten mittelalterlichen Universalgelehrten, der in Geisa geboren wurde.

Landschaft bei Geisa

Im Gangolfipark stehen aufrecht rechteckig gehauene Steine an einem Platz, auf dem im 11. Jahrhundert ein mittelalterliches Zentgericht stand.
An der einst innerdeutschen Grenze befindet sich heute die **Gedenkstätte Point Alpha** mit dem **Grenzmuseum**.

Gleich neben dem ganz in Blau leuchtenden **„Haus auf der Grenze"** beginnt der **„Weg der Hoffnung"**. Das Kunstprojekt der Point-Alpha-Stiftung soll zum Nachdenken anregen. Auf einer Strecke von eineinhalb Kilometern stehen 14 monumentale Skulpturen, die an den Todesstreifen der ehemaligen innerdeutschen Grenze erinnern. Zum „Weg

Schloss mit Point-Alpha-Akademie

Rathaus

Museum „Haus auf der Grenze"

Weg der Hoffnung

Geisaer Waldhäuschen

der Hoffnung" führt als Premiumwanderweg auch der **Point-Alpha-Weg**, der zu den Rhöner Extratouren gehört. Er verläuft, am Schlossplatz in Geisa beginnend, zum „Schlangenpfad", der sich durch den Wald schlängelt, von da an Schleid vorbei zum „Kreuz der Geiser Ämter" am Rockenstuhl und weiter über die Wiesenfelder Grotte nach Geisa zurück. Insgesamt ist er 14,6 Kilometer lang.

Von Bremen aus kommt man zu einem besonders schönen Flecken im Rhöner Wald, dem **Geisaer Waldhäuschen**. Der Rückweg führt durch typische Rhönlandschaft wie sie schöner kaum sein könnte.

In „Geis am Rain", so nennt man Geisa zur 5. Jahreszeit, wird seit Jahrhunderten Karneval gefeiert. Höhepunkt im Kulturgeschehen sind der Rosenmontagsumzug und die jährliche „Rhöner Weihnacht" im Kulturhaus.

RUND UM DEN ROCKENSTUHL: GEISMAR, SPAHL UND MOTZLAR

Ein hoher Basaltkegel eigenwilliger Form bestimmt das Aussehen im weiten mittleren Ulstertal: der **Rockenstuhl**.
Auf dem 529 Meter hohen Berggipfel sind Reste einer während des 17. Jahrhunderts abgebrochenen Burg zu sehen. Ruhebänke laden zur Rast ein. Steigt man am Osthang des Berges talwärts, kommt man an einer Gedenktafel vorbei, die an die Rhönbotaniker Geheeb und Goldschmidt erinnert.
Rund um den Rockenstuhl wetteifern größere und kleinere Ortschaften um das beste Aussehen. Von Geisa kommend sind das Wiesenfeld, Geismar, Spahl, Ketten, Apfelbach, Walkes, Reinhards und schließlich Motzlar. Auch Schleid gehört dazu.
Landschaftlich besonders schön gelegen sind die Dörfer Geismar und Spahl. In **Geismar** ziert ein hoher Glockenturm die 1863 erbaute **Kirche St. Nicolaus** und in Spahl ist es die **Gaststätte „Heile Schern"** mit dem ersten **Rhöner Spaßmuseum**, die weit und breit bekannt ist.
Der Ortschronik von Spahl ist zu entnehmen, dass der Ort 817 in einem Tauschvertrag des Abtes Ratgar von Fulda und Kaiser Ludwig dem Frommen erwähnt wurde. Schon viel früher besiedelt, stammt der Name Spahl wohl von einer besonderen Lichtung in einem dichten Waldgebiet.
Über **Ketten** kommt man zum **Hohen Rößbergkreuz**. Hierherzuwandern lohnt sich, denn vom Hohen Rößbergkreuz zwischen Gotthards und Ketten hat man einen einmaligen Panoramablick auf das Geisaer Amt.
Am Rockenstuhl vorbei führt uns der Weg über Apfelbach nach **Motzlar**, durch das die Ulster fließt. Eine Kirche, ein ansehnlicher Dorfplatz mit kleinem Springbrunnen und schöne Fachwerkhäuser machen den Reiz dieses Rhöndörf-

Rockenstuhl

Geismar

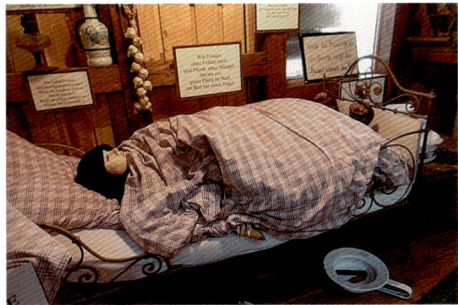

Im 1. Rhöner Spaßmuseum

Heile Schern in Spahl

Motzlar

chens aus. Es ist der letzte Ort in der thüringischen Rhön.
Flussaufwärts führt die Straße weiter in das hessische Tann und nach Hilders bis hinauf in die Hohe Rhön mit der Milseburg und der Wasserkuppe, dem höchsten Rhönberg.

VON SCHLEID IN DAS KOHLBACHTAL

Noch in Reichweite des Rockenstuhls ist von weitem schon **Schleid** zu erkennen, das Dorf mit dem wohl reizvollsten Barockbau im ganzen Ulstertal, der **katholischen Marienkirche**. Sie wird mit ihrer Schaufassade und Innenarchitektur sogar als das vollendetste Barockwerk der Region bezeichnet.

Schleid rühmt sich einer besonders langen religiösen Tradition. Stets am 1. Sonntag im August feiert man mit Hochamt, Sakramentsprozession und Andacht das **Schneefest**.

Der für den Gelöbnistag gebräuchliche Name „Maria Schnee" leitet sich von der Legende ab, nach der unter Papst Liborius (4. Jahrhundert) der Himmel den Stiftern von Maria Maggiore durch Schneefall im Hochsommer den Bauplatz bezeichnet haben soll.

In Schleid und Kranlucken starben währen der Pest um 1649 430 Personen. In der höchsten Not wandten sich die Einwohner beider Gemeinden hilfesuchend an die Mutter des Herrn und gelobten, den 5. August, den Weihetag der Kirche Maggiore in Rom, auf ewig feierlich zu begehen.

Katholische Marienkirche in Schleid

Schleidsberg

Dem Gelöbnis wird mit dem Schneefest in Schleid die Treue gehalten.

Vom genannten Ort aus führt eine gut ausgebaute Straße in das **Kohlbachtal** mit den Dörfern Kranlucken, Zitters und Gerstengrund. Der Kohlbach ist ein kleiner Forellenbach, der zwischen dem Theobaldshof und dem Katzenstein entspringt und sich vom Quellgebiet bis zur Ulster durch grüne Wiesen schlängelt. Links und rechts ragen Roßberg und Mannsberg empor, beide um die 700 Meter hoch – ein wildromantisches Tal mit fast unberührter Natur. Die Hänge der Berge drängen sich so dicht aneinander, dass fast der Eindruck entsteht, man befände sich im Hochgebirge.

Kranlucken wird 1197 erstmals urkundlich erwähnt; 1649 stirbt der ortsansässige Adel aus. Von origineller Schönheit ist der **Dorfanger** von Kranlucken. Um die Linde stehen die Kirche, das Gasthaus „Zum goldenen Stern" und weitere gut restaurierte Fachwerkhäuser.

Bedeutend ist das Pfarrhaus in Kranlucken, ein vom Petersberg bei Fulda transloziertes fürstäbtliches Jagdhaus von 1792.

Innenansicht der Marienkirche in Schleid

Dorfbewohner und Gäste erfreuen sich eines reichen Kultur- und Wanderlebens im Ort und in der nahen Umgebung.

Wir verlassen das Ulstertal, um neue sehenswerte Ziele im Feldatal zu finden.

Kranlucken Kohlbachtal

UNTERES FELDATAL: STADTLENGSFELD UND WEILAR

Um den gewaltigen, 714 Meter hohen Baier reihen sich im unteren Feldatal zahlreiche Dörfer und das Städtchen Stadtlengsfeld. Wir beginnen in **Dietlas**, wo sich **Schloss Feldeck** befindet. In ihm lebt die Familie von Buttlar. Es handelt sich um eine ehemalige Wasserburg, die schon 1376 als Kemenate bezeichnet wurde. Die hufeisenförmige Schlossanlage entstand wohl 1416.

An der ehemaligen Schachtanlage und den Häusern von **Menzengraben** vorbei erreichen wir das Städtchen **Stadtlengsfeld** mit der renomierten Burgklinik. Sie ist eine moderne Kureinrichtung, die sich guten Zuspruchs erfreut. Die Stadt Lengsfeld wurde 1186 erstmals urkundlich erwähnt. Nahe der Burgklinik sind Reste der Stadtmauer zu sehen. Ein besonders interessantes **Fachwerkhaus** aus dem 17. Jahrhundert ist das farbig gefasste Haus Marktstraße 9. Das nächste Dorf ist **Weilar**, das wie Gehaus den Baier als Hausberg nennt. 1183 erstmals urkundlich erwähnt, blickt der Ort auf eine lange Geschichte zurück. An Weilar führt der **Rhönpaulusweg** vorbei; auf unserer Reise werden wir dem legendären Räuber nochmal begegnen. Rhönpaulus wurde als Johann Heinrich Valentin Paul, auch Karl Paulus oder „der Schwarze", am 5. Februar 1736 als Sohn von Hanna Regina Paulin unehelich in Weilar geboren. 1780, nach Haft im Kerker des Schlosses in Kaltennordheim,

Schloss in Dietlas

Stadtlengsfeld

Burgklinik

wurde er als Räuber der Rhön in einem Eichenholzkasten zur Hinrichtung auf den Neuberg transportiert. Der Eichenholzkasten befindet sich heute im Museum in Dermbach.
Kaum jemand weiß, dass das Dorf auch etwas mit „Meyers Lexikon" zu tun hat. In Weilar gedenkt man dank des Kulturvereins der Gründung des Bibliographischen Instituts in Gotha. Minna Meyer, die Pfarrerstochter aus Weilar, war die Gattin von Carl Joseph Meyer, dem Gründer des berühmten Instituts, dessen Eigentümerin sie war, wie aus einer Gründungsanzeige vom 1. August 1820 hervorgeht.

Gedenkstein zur Erinnerung an den Kalischacht Menzengraben und an die während verheerender Gasausbrüche tödlich verunglückten Bergleute

Museum Dermbach, Gast aus Frankfurt a. M.: In diesem Kasten wurde Rhönpaulus zur Hinrichtung transportiert.

VOM BAIERSHOF UND DER WALDHERBERGE

Vom Baier, dem sogenannten „Sagenberg der Rhön", der weithin sichtbar die Bergwelt des mittleren Feldatals dominiert, kann man von verschiedenen Punkten aus atemberaubende Ausblicke genießen. Auf steilem Gelände erstreckt sich ein Blocksteinmeer und das bereits genannte archäologische Bodendenkmal besteht aus Resten keltischer Steinwälle.

An der B 285, zwischen Weilar und Hartschwinden, zeigt ein Hinweisschild rechter Hand zum Baier hinauf. Man muss ein Stück durch den Wald fahren oder gehen, ehe man auf halbem Weg dahin kommt, wo große Wiesen den Blick freigeben, der bis zu den Höhen des Thüringer

Blocksteinhalde auf dem Baier

Landschaftsgarten am Baiershof

Baiershof

Waldes mit dem Großen Inselsberg reicht. Auffallend ist ein beeindruckendes Fachwerkhaus mit einem wunderbar angelegten Landschaftsgarten, der **Baiershof** der Familie Schwarz. Die Familie und ihre Helfer haben viel Zeit und Kraft aufgewendet, dieses Kleinod in bezaubernder Natur zu schaffen. Besonders zum „Tag der offenen Gärten" kommen viele Gäste, um sich Haus und Garten anzuschauen. Nur ein kleines Stück weiter, dort, wo wieder hoher Laubwald beginnt, lädt am Wochenende eine **Waldherberge** zur Rast und Einkehr ein. Hier gibt es selbstgebackenen Kuchen und regionale Erzeugnisse ganz aus der Nähe.
Sogar eine Töpferei befindet sich hier. Öffnungszeiten: außer Weihnachten an Sonn- und Feiertagen 14–20 Uhr, im Winter 14–18 Uhr.

Eingang zur Waldherberge

Auf Wiesen und im Wald wandernd ist vielfältige Fauna und Flora zu entdecken, besonders auf dem den Berg umgebenden Kalkmagerrasen oberhalb von Gehaus und Oberalba. Neben den farbenprächtigen Orchideen sind es besonders viele Silberdisteln, die zu den jeweiligen Jahreszeiten dem Wanderer gefallen.

DAS WANDERPARADIES AM EMBERG

Von Oechsen kommend oder von den Serpentinen nach Oberalba hoch gelangt man auf den Emberg, der eigentlich gar kein Berg ist. Als Höhenrücken zwischen dem Baier und der Sachsenburg, mit 721 Meter höchster Rhönberg im Wartburgkreis, bezeichnet man diesen Aussichtspunkt und die Schnittstelle vieler Wanderwege als **Emberg** (Höhenlage etwa 500 Meter). Vor hier oben gesehen, wo sich die **Wanderhütte des Rhönklubzweigvereins Oberalba** und ein hohes Kreuz befinden, bietet sich dem Betrachter eine Aussicht, die typisch ist. So stellt man sich die Rhön als Land der offenen Fernen vor: Dörfer und Städtchen mit roten Ziegeldächern im weiten, sanften Tal und anmutige Bergkegel vulkanischen Ursprungs, die sich in Form und Entfernung unterschiedlich darbieten. Die einzelnen Jahreszeiten malen dazu die tollsten Farben in die Landschaft. Faszinierend ist der goldene Herbst auf und um den Emberg, in seiner Intensität kaum zu übertreffen. Das liegt an den unterschiedlichen Baumarten und Büschen, die an der Straße und an den Hängen wachsen.

Oben am Emberg, wo viele Kirschbäume stehen, sieht man von den Sitzgruppen oder vom Weg aus im weiten Tal Oberalba, Unteralba und Dermbach, den Rhönlandhof, Urnshausen und Bernshausen, die Berge Horn, Stopfelskuppe und Pleß; besonders auffallend dann, wenn die späte Nachtmittags- oder Abendsonne die zauberhaft anmutende Landschaft mit den Ort-

Blick vom Emberg auf Oberalba, Unteralba, Dermbach und die Berge Horn und Stopfelskuppe

Die Albataler Musikanten spielen zum Embergfest auf

Emberghütte

schaften anleuchtet. Von weither grüßt der Rennsteig im Thüringer Wald die Berge der Rhön.
Am Emberg trifft man oft Wanderer, auch Fahrradfahrer. Die Rhöner feiern gerne mit ihren Gästen. Da lodert ein Maifeuer und das **Embergfest,** stets Anfang August, ist der Höhepunkt des reichhaltigen Veranstaltungsprogramms des Rhönklubs.

Evangelische Kirche

barocke Saalkirche mit einer auf das Schloss ausgerichteten Ostfassade. 1731–35 nach Plänen des Fuldaer Hofarchitekten Andrea Gallasini errichtet, zählt sie auch wegen ihrer reichen, prunkvollen Innenausstattung zu den schönsten Kirchenbauten der Region.

Die 1714 erbaute **evangelische Dreieinigkeitskirche** ist eine ebenfalls schmucke Saalkirche mit achteckigem Glockenturm. Das Gotteshaus erstrahlt in barockem Prunk und ursprünglicher Pracht.

Das **ehemalige Schoss**, 1707–17 erbaut, war ursprünglich fürstbischöfliche Residenz und wurde 1970/71 restauriert. Heute ist es Wirkungsstätte des Kunst- und Kulturvereins Dermbacher Schloss e. V.

Unter Leitung von Dr. Hans Aschenbach sind es Sängerinnen und Sänger von Dermbach und Umgebung, Solisten und Orchester, die für hervorragenden Kunstgenuss geistlicher und weltlicher Musik sorgen. So erlebten tausende Besucher aus nah und fern das Musical „Rhönpaulus" und im Juli 2016 anlässlich des vor 150 Jahren stattgefundenen preußisch-bayerischen Krieges Mozarts Requiem.

In Dermbach, Kirchberg 5, vermittelt das **Museum der thüringischen Rhön** nicht nur Wissenswertes zur Geschichte der Region. Ausstellungen zu aktuellem Geschehen gehören ebenso zum Jahresprogramm wie Buchlesungen und verschiedene Vorträge.

Schlosshof

Museum in Dermbach

Blumenparadies nahe Dermbach – geschützte Pflanzen, die in der Rhön gedeihen (von o. l. nach u. r.: Märzenbecher, Küchenschelle, Frauenschuh, Bienen-Ragwurz, Orchideen auf der Kuhwiese, Knabenkraut, Enzian, Trollblumen und Silberdistel)

VON GRÜNEN MÄRKTEN AUF DEM RHÖNLANDHOF

Stets am dritten Samstag im Monat reichen die großen Parkplätze Am Lindig nahe Dermbach kaum aus, so viele Gäste reisen zum Grünen Markt mit Autos an. So war es auch beim letzten Hoffest, das alle zwei Jahre stattfindet.

Grüner Markt und **Hoffest** sind Höhepunkte im Veranstaltungsprogramm der Agrargenossenschaft Rhönland e. V. Dermbach Am Lindig.

Die Agrargenossenschaft Rhönland e. G. wurde 1991 von 427 Mitgliedern – Landbesitzern – gegründet. Sie ist ein Beispiel moderner Landwirtschaft in den neuen Bundesländern. Die heute etwa 150 Mitarbeiter bewirtschaften etwas über 4000 Hektar Land (Wiesen und Felder) und erzeugen hochwertige Lebensmittel, die zum Teil in einer ausgedehnten Direkt- bzw. Selbstvermarktung angeboten werden. Das sind Fleisch- und Wurstwaren, Milch und Erzeugnisse der Nudelproduktion.

Auf Wiesen, in Tälern und auf Hängen sieht man Mutterkühe mit ihren Kälbern und Schafherden weiden, darunter auch Rhönschafe. Sie sorgen als Landschaftspfleger für die Erhaltung der unter Naturschutz stehenden Kalkmagerrasen. Große Stroh- bzw. Heuballen auf Feldern und Wiesen bereichern die Landschaft.

Während der Grünen Märkte und der Hoffeste werden Produkte der Selbstvermarktung und vieles mehr angeboten. In der **Rhönlandscheune** wird mit regional typischen Gerichten zum Mittagstisch eingeladen. Viele kommen eigens zum Mittagessen, denn was die

Rhönlandscheune

Köchinnen und die Bedienung des Rhönlandhofes anbieten, schmeckt besonders gut. Im Hofladen und in einigen Verkaufswagen, die unterwegs sind, kann man die Erzeugnisse der Agrargenossenschaft Rhönland e. G. täglich käuflich erwerben.

Die großzügig gestaltete Rhönlandscheune wird vielfältig für Fachtagungen, kulturelle Veranstaltungen und Familienfeiern, für Reisegruppenbetreuung u. a. genutzt. Ein Streichelzoo und Eselreiten erfreuen die Kinder. Zurück zu den Grünen Märkten: Jeden Monat sind sie nach einem eigenen Motto ausgestaltet. Themen sind z. B. die Hausschlachtung, die Kartoffel, die Schafhaltung, das Weihnachtsfest.

Was hier für die Erzeugung und Vermarktung regionaler Produkte unter der Dachmarke Rhön und so auch für den Tourismus in der Region geleistet wird, verdient hohe Anerkennung.

DER SCHÖNSEE

Vom Rhönlandhof über Mebritz ist es nicht weit bis nach Urnshausen. Von da führt ein gut ausgeschilderter Weg bis zum **Schönsee** mit einem großzügig angelegten Naherholungsgebiet und Familienparadies im weiträumigen Waldgebiet des Pleßberges.
Hier bieten sich dem Wanderer viele schöne Aussichten. Im Wald erfrischt der Duft von Laub- und Nadelbäumen, der Heidelbeer-, Brombeer- und Himbeersträucher, des vom Schwarzwild durchwühlten Bodens am We-

gesrand. Vielstimmig ist der Gesang der Vogelwelt.
Es ist eine relativ kurze Wegstrecke, bis sich der Wald lichtet. Auf einer großen Wiese stehen viele Zelte, Campingwagen, Wohnmobile und Bungalows. Auch ein gastronomisches Angebot ist vorhanden oder man brutzelt sich selbst Bratwurst und Steak auf dem mitgebrachten Rost.
Der im Sonnenlicht schimmernde Schönsee lädt zum Baden ein. Gleich daneben befinden sich Liegewiese und Spielplatz.

Familienparadies am Schönsee

Im Pleßwald

Schönsee

Der Schönsee ist – wie der Burgsee in Bad Salzungen – ein Erdfallsee. Sie bildeten sich, wie die Kutten auch, durch Auslaugung der im Untergrund liegenden Salzlager. Die dadurch entstandenen Erdeinbrüche füllten sich mit Wasser. Der Schönsee ist ein beliebtes Ausflugsziel, an dem man sich gut erholen und entspannen kann.

Spätsommer

DIE KUTTEN UND EIN COUNTRY-FESTIVAL

Zu den Erdfallseen gehören auch die **Kutten**. Sie befinden sich zwischen den Bergen Horn, Stopfelskuppe und Pleß, nicht weit vom Schönsee und von Urnshausen entfernt.

In der letztgenannten Gemeinde zweigt die Straße in den Ortsteil **Bernshausen** ab. Im kleinen, idyllisch gelegenen Dorf laden das Jugendfreizeithotel „Rhön Feeling" und das rustikale Landhotel „Zur grünen Kutte" zum Urlaub machen, zur Rast und zum Feiern ein. Letzteres bietet auch Möglichkeiten für Pferdesport und Reiten. Die jährlich im Sommer stattfindenden **Country-Festivals** sind besondere Highlights. 2016 zählte man ca. 3000 Gäste, die zum Fest gekommen waren. Hier herrscht echte Cowboystimmung, wenn der „Wilde Westen" Einzug hält.

Gleich neben dem Dörfchen Bernshausen befindet sich die **Bernshäuser Kutte**, die unter Naturschutz steht. Der nicht allzu große, kreisrunde See mit seinen steil abfallenden Ufern, um-

Landhotel „Zur Grünen Kutte"

Bernshausen

An Gewässern der Rhön ist auch der Eisvogel zu Hause

Bernshäuser Kutte

säumt von hohen Laubbäumen, im Sommer sogar wohlriechende Linden, ist ein charakteristischer Prototyp eines Karst-Einbruchtrichtersees und damit deutschlandweit von nationaler Bedeutung. Um die Einmaligkeit der Kutte zu bewahren, ist das Baden in ihr verboten. Die Kutte ist geologisch eine Besonderheit und damit eine sehr wertvolle Pflegezone (Schutzgebiet) im Biosphärenreservat Rhön. Ein geologisches Naturdenkmal ist auch die noch etwas kleinere **Roßdorfer Kutte**, die nur circa 11–12 Meter tief ist und sich deshalb gut zum Angeln eignet. Man erreicht sie von Bernshausen und auf noch kürzerem Weg von Roßdorf her.

IBENGARTEN UND RHÖNPAULUSHÖHLE

Zurückgekehrt zur gemächlich dahinsprudelnden Felda finden wir nahe Dermbach das wenige Häuser zählende Glattbach. Dort treffen wir auf den Robin Hood der Rhön – den Rhönpaulus. Er zeigt uns den Weg über die Flussbrücke bis zur **Kuhwiese**, einen orchideenreichen Kalkmagerrasen am Waldesrand des Neuberges, von dem man einen schönen Blick auf die Landschaft um Dermbach und den Gläserberg hat.

Am Waldesrand stößt man auf den **Rhönpaulusweg**, der uns in den nahen Ibengarten führt. Wunderbar ist der Weg hier angelegt. Viele Informationstafeln beschreiben die umgebende Natur und das Leben des Räubers der Rhön.

Der **Ibengarten** mit seinen bis zu 800 Jahre alten Eiben ist eines der ältesten Naturschutzgebiete Thüringens. Die urigen, wildverzweigten Eiben mit ihren dunkelgrün glänzenden Nadeln lassen nicht viel Sonnenlicht auf den Weg und die kleinen Muschelkalkabhänge fallen. Daher entsteht die fast mystische Atmosphäre eines Märchenwaldes. Oben dann, auf steilem Hang, wo ebenfalls mächtige Eiben und andere Laubbäume stehen, zeigt eine Tafel an, dass sich hier die **Höhle** befand, in der **Rhönpaulus** gelebt haben soll. Er verbarg sich in den Wäldern bei Glattbach.

oben: Holzplastik von Manfred Bellinger
unten: Rhönpaulus und die Rhönpaulushöhle

Blick von der Kuhwiese auf die Landschaft bei Dermbach

DAS FLEDERMAUSDORF NEIDHARTSHAUSEN

Neben dem Neuberg im Talesgrund liegt ein Dorf mit gleich zwei Besonderheiten – **Neidhartshausen**. Liebevoll restaurierte **Fachwerkhäuser** reihen sich in der Dorfstraße zu einem selten schönen Bild, ähnlich der Fachwerkhäuserfassade in Sünna.

Weil im Kirchturm und auch anderswo besonders viele Fledermäuse leben und man sich hier der Pflege und dem Erhalt der Jäger der Nacht verschrieben hat, nennt man Neidhartshausen gern das **Fledermausdorf**.

In einem Flyer ist zu lesen: „Seit Jahrzehnten beziehen auf dem Dachboden der 1722 erbauten Kirche von Neidhartshausen große Mausohren ihre Wochenstube. Mit derzeit über 700 Alttieren gehört Neidhartshausen zu den zehn größten Wochenstuben Thüringens ..." Im Jahr 2008 wurde das geschützte Quartier als Flora-Fauna-Habitat-Objekt in das europäische Netzwerk „Natura 2000" aufgenommen.

Kirchgemeinde, Fledermausfreunde und Naturschutzbehörde bemühen sich gemeinsam darum, die bedrohte Fledermauspopulation zu erhalten.

Auf einem **Fledermauspfad** mit fünf Informationstafeln kann man das Fledermausdorf kennenlernen und vieles mehr über die Tiere erfahren, die mit den Ohren sehen (Ultraschallrufe vermitteln ein „Hörbild" der Umgebung). Holzskulpturen bereichern den Fledermauspfad.

Neidhartshausen

PROPSTEI UND KLOSTERGARTEN ZELLA

Das Panorama des mittleren, sehr breiten Feldatales prägt, von allen Seiten gesehen, das auf etwas höherer Lage befindliche Dorf **Zella** mit seiner hoch aufragenden, bedeutenden barocken Saalkirche aus rotem Sandstein, die über eine wirkungsvolle Schaufassade verfügt. Der große Maßstab der Architektur und die deutlich überlebensgroßen Sandsteinfiguren in den hohen Bogennischen kommen im Vergleich zu den bescheidenen Wohnhäusern des Dorfes besonders zur Geltung. Dass hier einmal große Armut herrschte, sieht man heute den einstigen Tagelöhnerhäusern nicht mehr an. Das Dorf erstrahlt, wie die Kirche, in belebenden Farben.

Die **Propsteikirche Mariä Himmelfahrt** wurde 1732 vollendet. Sie und die **Propstei** daneben gehen auf ein Benediktinerinnenkloster zurück, das 1136 durch Graf Erpho von Neidhartshausen gegründet wurde. Seit 1186 Abtei, im Bauernkrieg zerstört, neu errichtet und als fuldaische Propstei 1802 aufgegeben, wurde es großherzogliches Kammergut, das am 24. Juni 1914 an die Gemeinde ging.

In der Propstei sind die Thüringische Verwaltungsstelle des UNESCO-Biosphärenreservates Rhön, Ausstellungen und ein Informationszentrum untergebracht. Der kürzlich restaurierte Barocksaal erglänzt in voller Pracht.

Über den Hof, gleich hinter der hohen Propstei, geht man zum **Klostergarten** – ein Kleinod eines Blumen- und Kräutergartens. Dieser wurde nach einem Vorbild im schweizerischen St. Gallen gestaltet. Eine alte Sandsteinmauer begrenzt das nicht allzu große Gartengelände. Über die Mauer hinweg blickt man auf die um-

Zella in der Rhön

gebende Landschaft mit dem Bergdörfchen Föhlritz am steilen Hang unterhalb des Gläserberges. Blumen in allen Farben und Größen sowie viele Heilkräuter füllen je nach Jahreszeit den Klostergarten aus; dazwischen sind allerlei Sinnsprüche, die zum Schmunzeln und Nachdenken anregen, zu entdecken, des Weiteren ein „Insektenhotel" und vieles mehr.

Das Besondere: Auf einer großen Schautafel blickt **Johann Wolfgang von Goethe** auf das Geschehen im Garten. Auf dieser ist außerdem zu lesen, dass der Dichter während seiner Rhönaufenthalte auch in Zella war. Am 9. April 1782 schrieb er in einem Brief an Charlotte von Stein: „ ... Von Barchfeld ritt ich auf die Propstei Zelle, wo ich mich hatte beym Propst anmelden lassen, um einmal fremde Menschen sehen und von fremden Verhältnissen reden zu hören."

Unterhalb der Propstei ist ein typischer Streuobstgarten angelegt.

Propsteikirche

oben rechts: Barocksaal der Propstei

Im Klostergarten

VOM GLÄSERBERG ZUM KATZENSTEIN

Zwischen der Gläserhütte und dem Katzenstein dehnen sich in einer Höhe von 650 bis 670 Metern große Wiesen aus, begrenzt vom Buchenwald, der sich weithin bis zur Sachsenburg ausbreitet. Dazwischen befinden sich hier oben die Häuser der kleinen Ortschaft Steinberg.

Hat man die **Gläserhütte** des **Rhönklubzweigvereins Dermbach** erreicht, bietet sich dem Wanderer ein zauberhafter Blick vom kahlen Berg bis hinunter ins Feldatal mit seinen Rhönschnitzerdörfern, Fischbach und dem Umpfen, auf dem mal Basalt abgebaut wurde. Die Basaltfelsen sind noch zu erkennen. In nordöstliche Richtung liegen der Neuberg sowie der Rhönlandhof mit den Bergen nahe dem Pleß und am Horizont sind die Höhenzüge des Thüringer Waldes zu erspäen.

Von solchem Anblick berührt, kommt einem eine Zeile aus dem Rhönlied von Andreas Fack in den Sinn:

„Auf hohen Matten im Sonnenschein
die kühlenden Lüfte umwehn
und frei der Blick in die Welt hinein,
wie wonnig, da droben zu stehn."

Gläserhütte

Der Autor (Mitte) mit Gästen aus der Schweiz auf dem Gläserberg

Blick vom Katzenstein auf die Dörfer im Feldatal

Bergdörfchen Föhlritz

Oft und gerne besucht ist dieses Fleckchen oben an der Gläserhütte, die während der Saison an Wochenenden geöffnet ist. Im urigen Ambiente der geräumigen Wanderhütte lässt es sich auch gut feiern; dies gilt ebenso für das Gasthaus **„Zum Hobbywirt"** im nahen Bergdörfchen **Föhlritz**.

Ein stattliches Hotel, nur wenige Kilometer entfernt, ist das ganz aus Basaltsteinen erbaute **Berghotel Katzenstein** unweit des gleichnamigen Berges, einer kleinen Basaltsteinformation mit Kreuz. Die Straße zum Berghotel und die Freifläche vor den Eingangstüren verraten, dass die Kunst der Rhönschnitzerei in den nahen Dörfern noch lebendig ist. Lebensgroße Holzskulpturen von Mensch und Tier säumen den Weg und heißen die Gäste willkommen: Katze und Eule, Wildschwein und Schaf, Schäfer und Bauer, Liebespaar und Edelfrau. Beim Kaffeetrinken ist Hochbetrieb. Familienfeiern sind genauso beliebt wie der Aufenthalt ganzer Reisegruppen. Unweit vom Berghotel kann man den Bergbauernhof Katzenstein besuchen (Tel.: 036964/83876). Wenn die Nachmittagssonne Landschaft und Dörfer im Feldatal anleuchtet, ist der Ausblick von oben besonders erhebend.

Hoteleingang   Berghotel Katzenstein

DIE SCHNITZERDÖRFER

Vom Katzenstein und dem hochgelegenen Andenhausen sieht man neben Zella rechts die Holzschnitzerdörfer Empfertshausen und Klings. Hier ist die Holzschnitzkunst zu Hause. Empfertshausen wurde 835 und Klings 869 erstmals urkundlich erwähnt.

Hier und in den Nachbarorten war in Zeiten, in denen die Rhön ärmstes Notstandsgebiet war, die Holzschnitzerei der wichtigste Broterwerb. Später erlebte sie dann ihre Blütezeit und ist auch heute noch präsent.

In den Dörfern, besonders in **Empfertshausen**, sind mehrere Holzplastiken und geschnitzte Wegweiser aufgestellt. Im Gemeindehaus „Alte Schule" ist ein Holzschnitzermuseum der ältesten Schnitzschule Deutschlands zu besichtigen. Symposien, Schauschnitzen, Präsentation und Verkauf gehören zum Jahresprogramm. Junge Leute erlernen in der Schnitzschule, die es in Empfertshausen wieder gibt, die Kunst des Holzschnitzens. Einmal im Jahr findet im Ort ein Holz- und Kunsthandwerkermarkt statt.

Holzkunstrouten in Zella, Empfertshausen und Klings zeigen in der hügeligen Landschaft des Feldatales teils traditionelle, teils zeitgenössische Interpretationen der Themen Holzschnitzen, Handwerk und Heimat. Dabei handelt es sich um Holzskulpturen von Holzbildhauern der Region und Spruchstelen, die auch etwas über die Mundart verraten, die man hier spricht.

Empfertshausen

Manfred Vogel (†) bei der Arbeit

DER HEXENPFAD BEI FISCHBACH

Auf der anderen Seite der Felda, am Fuße des 701 Meter hohen Umpfen gelegen, befindet sich das Dorf **Fischbach**, das sich einer „Schule im Grünen" mit einem Kletterwald und des **„Hexenpfades"** rühmt. Am Sportplatz beginnend führt der „Hexenpfad" durch die atemberaubend schöne Rhönlandschaft und das Naturschutzgebiet Sommertal östlich des Dorfes, eine Pflegezone im Biosphärenreservat Rhön.

Stationen mit Informationstafeln und Erlebniselementen erklären diese Region der Kulturlandschaft Rhön.

Sogar ein **Wasserfall**, klein aber fein, plätschert ins Tal. Wer möchte, kann bis hoch auf den Gipfel des Umpfen steigen und unterwegs die hohen, vom ehemaligen Basaltwerk hinterlassenen Basaltsteinfelsen sehen. Unterwegs ist die **Fischbacher Hütte** während der Saison geöffnet. Weiter in Richtung Kaltennordheim öffnet sich die weite Landschaft des oberen Feldatals.

Hexenpfad bei Fischbach

Wasserfall

Fischbacher Hütte

KLINGS UND DIE „ALTENBERG-BAUDE"

Klings

Vom gleichnamigen Dorf aus erreicht man die Klingser Hütte, während in Klings selbst die schönen Brunnen an der Dorfstraße zu erwähnen sind. Oberhalb des Sportplatzes steht die uralte knorrige **Hexenlinde**, noch vor wenigen Jahren der Schauplatz schauriger Walpurgisnächte am Vorabend des 1. Mai. In Klings lebt die Holzbildhauermeisterin Kerstin Genschow, die mit der „Wanderrast" auch ein Exponat für die Holzkunstrouten geschaffen hat. Die Künstlerin bietet Schauschnitzen, Kinderschnitzkurse und Werkstattbesichtigungen an. Weiter geht es zur schon erwähnten Klingser **„Altenberg-Baude"**, einer Ski- und Wanderhütte auf dem Alten Berg. Sie bietet Einkehr, einen wundervollen Ausblick und ist ganzjährig sonntags von 13–18 Uhr geöffnet. Der Ausblick von hier oben sucht seinesgleichen!

Nicht weit von Klings entfernt hütet Arnd Schilling Rhönschafe

KALTENNORDHEIM UND DIE KALTEN DÖRFER

Kaltennordheim, die kleine Stadt im oberen Feldatal, ist Ausgangspunkt für Wanderungen in die „kalten Dörfer" und die Hohe Rhön. In dieser Region werden oft die niedrigsten Temperaturen im winterlichen Deutschland gemessen, was die genannte Bezeichnung erklärt.

795 erstmals erwähnt, erhielt **Kaltennordheim** 1562 das Marktrecht. Bis in jene Zeit reicht die Tradition des jährlichen **Heiratsmarktes**, der stets während der Pfingstfeiertage stattfindet. Dieser zählt bis heute zu den Höhepunkten festlichen Markttreibens in der Rhön. Der ursprüngliche Pfingstmarkt am Pfingstmontag wurde später im Volksmund „Heiratsmarkt" genannt. Die Bauern der Umgebung trafen sich in Kaltennordheim, kannten sich, wussten über den anderen recht gut Bescheid, ob er wohlhabend war oder arm. So kam es, dass vor allem dieser Markt gute Gelegenheit bot, eheliche Verbindungen zu knüpfen. Heute hat sich das Marktgeschehen freilich grundlegend verändert, aber Treffpunkt für viele Besucher ist er geblieben. Dies gilt auch für das **Waldfest auf der Hohen Asch** am 2. Pfingstfeiertag.

Sich in Kaltennordheim aufzuhalten, lohnt sich. Auf dem **Schlosshof** der ehemaligen Merlinsburg erinnert eine Gedenktafel am früheren Amtshaus an den zweimaligen Aufenthalt Goethes im Städtchen und in der Rhön (1780 und 1782). Im Heimatmuseum ist eine historische Schulstube zum Gedenken an den Heimatdichter und Schöpfer des Rhönliedes, den Lehrer **Andreas Fack**, zu sehen.

Kaltennordheim

Schlosshof in Kaltennordheim

Nach dem Bockbieranstich

Eine schöne Tradition pflegt auch die **Rhönbrauerei Dittmar GmbH**. Seit mehr als 130 Jahren wird das nach der Gegend benannte Rhönbier gebraut. Natürlich kann die Brauerei nach Voranmeldung besichtigt werden. Darüber hinaus wird Gelegenheit zum Verkosten und Feiern geboten. Höhepunkt ist das jährliche Brauereifest mit zahlreichen Kapellen der Region unter dem Motto: „Bier und Musik bringen Menschen zusammen".

Kaltensundheim, der nächste Ort, ist ein sehr schönes Dorf mit einer auf einem Kalksteinfelsen dominierenden **Wehrkirche**, die in ihrem ursprünglichen Aussehen an unruhige, längst vergangene Zeiten erinnert. Ebenso ansehnlich ist das **Dorfmuseum** zur Ortsgeschichte, das auf Anfrage geöffnet ist (Tel.: 036946/21610). Das zweigeschossige Fachwerkhaus macht weiteren schönen Fachwerkhäusern Konkurrenz.

In Kaltensundheim befindet sich auch der Sitz des **Landschaftspflegeverbandes „Biosphärenreservat Thüringische Rhön e. V." (LPV Rhön)**.

Dorfmuseum in Kaltensundheim

Die Landschaftspflege-Agrarhöfe widmen sich u. a. der Züchtung und damit der Erhaltung der heimischen Schafrasse, dem **Rhönschaf**. Gegenwärtig stehen 535 Herdbuchtiere auf Weideflächen der Rhön, die Landschaftspflege betreiben, indem sie u. a. dazu beitragen, dass die wertvollen Kalkmagerrasen nicht verbuschen. Unverzichtbar gehören die Rhönschafe mit ihren schwarzen Köpfen und weißen Beinen zum Landschaftsbild der Rhön.

Wehrkirche in Kaltensundheim

KALTENLENGSFELD, DAS TANZENDE DORF

Vor nicht allzu langer Zeit beschrieben Journalisten und Schriftsteller Wölferbütt als das singende Dorf.
Der Autor dieses Buches weiß, wovon er spricht, wenn er Kaltenlengsfeld das tanzende Dorf nennt.
Bis heute machen die **Folkloretanzgruppe** und die **Kindertanzgruppe** des Dorfes die Folklore der Rhön regional, national und international bekannt. Zahlreiche Auftritte und Auslandsgastspiele gaben Zeugnis ihres außergewöhnlichen Könnens und ihrer Ausstrahlung. Besser als anderswo verstand man es, im Ort ein attraktives **Kulturhaus** zu bauen und als Dorfgemeinschaftshaus zu bewirtschaften. Hier kann man proben und noch vieles mehr. Über das ganze Jahr laden die verschiedensten Veranstaltungen ein und so ist Kaltenlengsfeld zum **Zentrum des ländlichen Brauchtums** der thüringischen Rhön geworden.
Das Interesse am ländlichen Brauchtum ist in den vergangenen Jahren gewachsen. Wegen sei-

Kaltenlengsfeld

ner kulturellen Vielfalt und der aktiven Brauchtumspflege war Kaltenlengsfeld am 14. August 2016 Austragungsort des Tages des Thüringer Brauchtums, der sich traditionellen Kinderspielen und einem Wettspinnen widmete. Wettbewerbe im Grasmähen mit der Sense, Mundartabende, Weihnachtsveranstaltungen u. a. gehören zum Jahresprogramm. 2015 war das Dorf sogar Gastgeber des Thüringer Kinder- und Jugendtrachtenfestes.

Bräuche, die keine alten Hüte sind, werden in Kaltenlengsfeld modern umgesetzt. Sie begeistern sowohl die Aktiven als auch viele Gäste. „Bräuche bieten vor Ort eine Art Orientierung und fördern den Gemeinschaftssinn", so die Worte des Leiters der Folkloretanzgruppe Frank Hößel.

Im Dorf wird viel für den Wintersport geleistet. Aus dem Wintersportverein Dermbach (WSV), in dem Kaltenlengsfeld ein Aktivposten ist, sind

Kindertanzgruppe Kaltenlengsfeld

„Rhönbriese"

einige bekannte Spitzensportler Deutschlands hervorgegangen, wie der viermalige Weltmeister und jetzige Trainer der Nordischen Kombination Ronny Ackermann und die Langläufer Phillipp Marschall und Thomas Bing.

Alljährlich ist der WSV Veranstalter des **Rhönmassenskilaufs**, der stets in Kaltenlengsfeld, meistens Anfang Februar, stattfindet. Wegen Schneemangels gab es auch Ausfälle, dafür Anfang Herbst den Kaltenlengsfelder Wandertag.

Das Dorf selbst schmiegt sich in ein idyllisches Hochtal zwischen Umpfen, Roßberg- und Hahnbergmassiv. Am Dorfgemeinschaftshaus beginnend führt eine befestigte Straße hinauf zum Umpfen, wo am Waldrand die **Ski- und Wanderhütte „Rhönbriese"** mit keltischen Spielelementen für angenehmen Aufenthalt sorgt. Selbst ganze Gruppen und Vereine feiern gerne in den Räumlichkeiten des Hauses.

Auf dem Rückweg sind wieder schöne Landschaftsansichten zu entdecken und im Dorf ist die Kirche nicht zu übersehen. In ihr befindet sich eine seltene Barockorgel, die während verschiedener **Orgelkonzerte** erklingt.

Wettspinnen in Kaltenlengsfeld

DIE ARCHE RHÖN IN DER ERLEBNISWELT RHÖNWALD

Am Weidberg zwischen Kaltenwestheim und Ober- bzw. Unterweid grüßt weithin die **Arche Rhön** ins Land. Da ist zu lesen: „Wo steht ein Schiff auf einem Berg, rettet Noah mit verrückten Naturschutzideen die Rhön und wird dazu ein fantastischer Ausblick geboten? Das alles gibt es auf dem Weidberg bei Kaltenwestheim mit der Arche Rhön in der Erlebniswelt Rhönwald". Das schiffsförmige Bauwerk, dessen Blattform einen weiten Blick ins Land erlaubt, ist 25 Meter lang. Im Herzen des Biosphärenreservats ist mit der **Erlebniswelt Rhönwald,** in der die Arche Rhön steht, ein neues touristisches Ziel mit zahlreichen Angeboten entstanden: Naturerlebnisführungen, Themenwanderungen, Kindererlebnistage, Kindertheater, geführte Wanderungen am Rhöner-Kinder-Sagenweg, individuelle Seminare, Schatzsuche, Nachtbuchlesungen, Dia-Tonvorträge und Reiseberichte, Waldschule, Mal- und Bastelzirkel u. a. Originell gestaltete Hütten und Kioske laden zum Verweilen und zur Verköstigung ein.

In der Erlebniswelt Rhönwald kann man viel über die umgebende Natur und Landschaft in der Hohen Rhön erfahren oder Informationen erhalten über beliebte Wanderwege und -routen wie den Wanderweg Nr. 1, den „HOCHRÖHNER", den „Rhön-Rennsteig-Weg" und andere Rhönklubwege.

Der „Entdeckerpfad Hohe Rhön" ist ein besonderer Geheimtipp. Er führt über 18 Kilometer von Unterweid nach Birx, sogar bis zum Ellenbogen. Familien mit Kindern kommen sehr gerne in die Erlebniswelt Rhönwald. Besonders an Wochenenden ist hier viel los.

Arche Rhön in der Erlebniswelt Rhönwald

FRANKENHEIM UND DER ELLENBOGEN

Rau, oft unwirtlich, aber auch besonders reizvoll sind das Klima und die vom Wetter geprägte Natur und Landschaft der Hohen Rhön. „Nebel, Schnee und Bergeshöhn bietet bestenfalls die Rhön", so charakterisieren geflügelte Worte dieses einst für den Menschen allerärmste Gebiet. Doch viel hat sich zum Positiven verändert. Das sprichwörtlich raue Klima ist zwar geblieben, aber das Leben der Einwohner von **Frankenheim** – mit 765 Metern das höchstgelegene Rhöndorf – ist grundlegend besser geworden.

Die eher niedrigen Häuser, bis zu deren Dachrinnen sich im Winter zuweilen die Schneemassen türmen, erstrahlen heute bei schönem Wetter in neuen, abwechslungsreichen Farben.
Eine beliebte Gaststätte im Ort ist die „Schweinebucht", sehenswert der Heilpflanzengarten und der Spielplatz „Am Hählwald", ebenso der „Rhöner Barfußpanoramaweg".
Unweit von **Birx** ist das **Dreiländereck** Bayern, Hessen, Thüringen zu finden. Im kleinen Birx, 824 erstmals benannt, laden moderne Beherbergungs- und Gaststätten ein. Gleich nebenan beginnt an der Hochrhönstraße der Weg zum „Schwarzen Moor", ebenso zur Wasserkuppe in der hessischen Rhön.
Der höchste Berg in der thüringischen Rhön ist der 813 Meter hohe, unweit von Frankenheim gelegene **Ellenbogen**, der wiederum beste Aussichten bietet. Zwar ist der Schnitzerberg 2,5 Meter höher, jedoch ist er weniger ein Berg als vielmehr ein Hochplateau zwischen Ellenbogen und Frankenheim.
Neben dem Ellenbogen befindet sich das **Berghotel „Eisenacher Haus"**, das 1927/28 vom Rhönklubzweigverein Eisenach gegründet wurde.
Unverwechselbar ist das mit vielen Ideen und Fleiß des Ehepaares Lümpert urig eingerichtete **Thüringer Rhönhaus** am Fuße des Ellenbogen.

„Rhönstübchen" – Gasthaus in Birx

Frankenheim

Radwanderer aus Wetzlar auf dem Ellenbogen

Thüringer Rhönhaus

Ein Tiergehege mit Streichelzoo und andere Attraktionen lassen Kinderherzen höher schlagen. Das weiträumige Gelände der Hohen Rhön, die Höhenlagen der Bergwiesen und die Hänge rund um den Ellenbogen bieten **beste Wintersportmöglichkeiten**. Gespurte Loipen erleichtern das Skilaufen.

2017 soll auf dem Ellenbogen eine Aussichtsplattform entstehen, die in 14,5 Metern Höhe einen atemberaubenden Ausblick bieten wird.

Das geübte Auge kann auf den Bergwiesen während der Vegetationszeit noch Blumen und Gräser entdecken, die man woanders kaum findet, wie z. B. die gelb leuchtende Trollblume oder im Herbst die Herbstzeitlose.

Eisenacher Haus

VOM HERPFTAL AUF DIE HOHE GEBA

Viele Ortschaften, deren Namen mit „hausen" enden, befinden sich auf dem Weg von der Hohen Rhön zum Herpftal des Landkreises Schmalkalden-Meiningen. Nach Reichenhausen und Erbenhausen sind das die Dörfer Schafhausen, Gerdhausen und Wohlmuthausen.

Von Helmershausen steigt die Straße zum 751 Meter hohen **Gebaberg** hinauf. Die **Hohe Geba** ist ein besonderer Berg, der weithin und mächtig groß das Aussehen dieses Teils der Vorderen Rhön bestimmt. Das Bergmassiv ist von einem breiten Gürtel großflächiger Kalkmagerrasen umsäumt. Vom kahlen Plateau über der Hochfläche schweift der Blick weit über das Werratal bis zum Hausberg Meiningens, dem Dolmar, weiter bis zum Thüringer Wald, ins Grabfeld, hinüber zur Hohen Rhön und zur Kuppenrhön – bei klarer Sicht ein grandioser Rundumblick.

Die **Meininger Hütte** des Rhönklubs, das **Bergstübchen** mit dem Museum „Druschba", **der Rhönkulturgarten** mit keltischen Kletterelementen, die **Extratour Gebaweg**, ja das ganze Bergareal sind beliebte, vielbesuchte Ausflugsziele.

Die Hohe Geba ist Teil des internationalen Sternparks mit Beobachtungsplattformen für Fernrohre.

Meininger Hütte

Blick vom Julius-Greif-Stein

Im Rhönkulturgarten

Kirche in Geba

Auf dem Rückweg vom Berg, vorbei an der krummen Birke und dem „Julius-Greif-Stein", macht im Dörfchen **Geba** ein Kleinod auf sich aufmerksam: die kleine achteckige **Kirche**, die 1791 erbaut wurde und gut erhalten ist.
Durch schattigen Buchenwald führt die kurvenreiche Straße bis an den Waldrand, an den sich die großen Kalkmagerrasen schmiegen. Unten sieht man Dörfer im Herpftal und gegenüber den Hutsberg, den Hausberg von Helmershausen.

Krumme Birke auf der Hohen Geba

HELMERSHAUSEN UND SEEBA

Zwischen Hoher Geba und dem Hutsberg liegt das interessante Dorf **Helmershausen**. Schon 856 erstmals urkundlich erwähnt, war es ursprünglich von einem Schutzwall mit sechs Toren umgeben. Erhalten sind von den Frei- und Edelhöfen, die durch den Gründer der Hutsburg entstanden sind, der Hennebergische Freihof, das Gelbe Schloss (1562/63), das Schwarze Schloss (um 1700) und das **Rote Schloss** (17. Jahrhundert, Neubau nach 1894) – also drei Schlösser in einem Dorf!

Noch bedeutender ist die evangelische Kirche, die als **„Dom der Rhön"** bezeichnet wird. Das Besondere an diesem Bau ist vor allem die ungewöhnliche Weiträumigkeit und die einzigartige Erhaltung seiner Außenfassade und der Inneneinrichtungen. An Stelle einer Kapelle ist 1736–52 die große Kirche errichtet worden; der Turm kam 1777 hinzu.

Schöne, gut erhaltene Fachwerkhäuser ergänzen das Ortsbild. Recht nah erhebt sich der

„Dom der Rhön", evangelische Kirche in Helmershausen

Helmershausen

Rotes Schloss

Hutsberg mit einer Höhe von 639 Metern. Auf dem Gipfel verstecken sich Reste der Ruine der ehemaligen Hutsburg unter dem Dach hoher Bäume. Vermutlich wurde diese im 10. Jahrhundert vom Grafen von Henneberg errichtet. Ansehnliche Reste des 1525 zerstörten rechteckigen Wohnbaus mit integriertem Eckturm sind erhalten.

Wer in dieser Gegend rings um das Bergmassiv der Hohen Geba unterwegs ist, sollte nicht versäumen, das unweit von Helmershausen gelegene **Seeba** zu besuchen. Der Anblick des sich hinter dem kleinen See ans Ufer schmiegenden Dörfchens ist eine Augenweide. Er lädt zum Angeln ein und ist bei Erholungssuchenden beliebt.

Seeba

DER ÖSTLICHSTE TEIL DER THÜRINGISCHEN RHÖN: STEDTLINGEN

In **Stedtlingen**, unweit der Landesgrenze zu Bayern, dem Frankenland bei Ostheim, am Fuße des Kirschberges gelegen, wetteifern schöne Häuser um die Gunst des Betrachters. Auffallend ist der Turm der Wehrkirche aus dem 13. Jahrhundert. Bereits 1371 gab es in Stedtlingen Weingärten.

Unweit des Dorfes befindet sich das unter Naturschutz stehende „**Stedtlinger Moor**". Es ist als Pflegezone des Biosphärenreservats Rhön ausgewiesen. Um zum Moor zu finden, fragt man am besten Einwohner des Dorfes, die gerne Auskunft geben. Betreten darf man es nicht, denn es besteht Lebensgefahr! Aus sicherer Entfernung betrachtet, ist es jedoch sehenswert.

Auf dem Weg in Richtung Henneberg erwartet uns eine weitere Überraschung: Gleich nachdem Hermannsfeld durchfahren bzw. durchwandert wurde, stößt man auf **Schloss Fasanerie**, das Ende des 18. Jahrhunderts erbaute Jagd- und Sommerhaus des Herzogs Georg von Sachsen-Meiningen. An der Westseite des früheren Fasaneriewaldes gelegen, wird das ehemalige Jagdschloss gerne besucht, auch, um im Jagdzimmer originalgetreu bewirtet zu werden.

Schloss Fasanerie

Stedtlinger Moor

HENNEBERG UND BAUERBACH

Über dem Dorf **Henneberg** thront die Ruine der **Henneburg**, die 1096 erstmals erwähnte Stammburg des Grafen von Henneberg. Mit einer bebauten Fläche von ca. 120 x 60 Metern befand sich hier eine der größten Burgen im südthüringisch-fränkischen Raum. Die Burg wurde 1525 im Bauernkrieg zerstört.

Die Mächtigkeit des Ruinengeländes, die Mauerreste, teilweise auch Wall und Graben, besonders jedoch der als Aussichtsturm genutzte, 14 Meter hohe Bergfried machen das Erstaunliche dieses Ausflugszieles aus. Die tolle Aussicht lohnt sich. Man kann sogar in nördliche Richtung das **Schillerdorf Bauerbach** erkennen. Das Dörfchen ist mehr als nur einen kurzen Besuch wert. Wer nach der Ortsdurchfahrt in Henneberg Bauerbach gefunden hat, wird nachvollziehen können, warum in dieser abgelegenen Gegend der berühmte Dichter Asyl fand. Das Nachbardorf nennt sich bezeichnend Einödhausen.

Blick von der Henneburg auf Bauerbach

Henneberg

Landschaft bei Henneberg

Auf der Henneburg

Schillermuseum

Friedrich Schiller wohnte vom 07.12.1782 bis zum 24.07.1783 im damaligen Herrenhaus der Familie von Wolzogen und vollendete hier den „Fiesco", überarbeitete „Kabale und Liebe" und begann „Don Carlos". Mehr erfahren kann man im heutigen **Schillermuseum**. An den Dichter erinnert auch das **Gasthaus „Zum braunen Roß"** mit den an der Außenfassade aufgemalten Spottversen Schillers. Das **Naturtheater „Friedrich Schiller" Bauerbach** hat eine lange Tradition. Die jährlich im Sommer veranstalteten Theateraufführungen werden von Laienschauspielern dargeboten.

Gasthaus „Zum braunen Roß"

In Juda schreibt die Chronika
war ohm schon ein König,
dem war von Dan bis Berseba
bald alles unterthänig

———

Der war nun kürzlich, wie bekannt
vom Freien heimgekommen,
und hatte vom Kaldäer Land
ein Weibchen mitgenommen

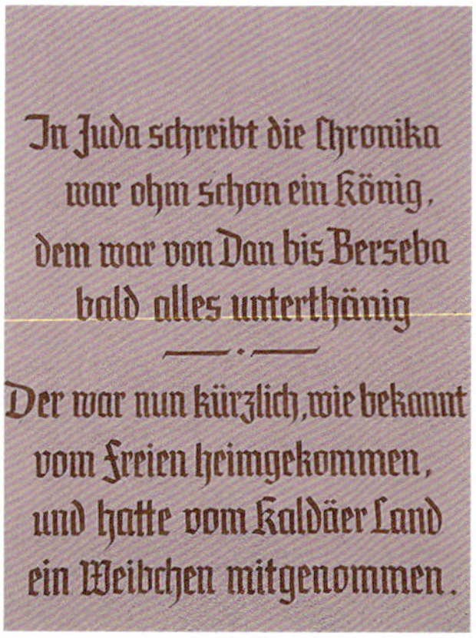

THEATERSTADT MEININGEN

ingebettet zwischen sanften Hügeln liegt die **Kreis- und Theaterstadt Meiningen** an den Ufern der Werra. Die Gründung der ersten Siedlung erfolgte vermutlich im Zuge der fränkischen Kolonisation des Grabfeldes im 8. Jahrhundert im Bereich bedeutender Handelswege von Franken nach Thüringen. Als „Meininga" fand der Ort 982 in einer Schenkungsurkunde Kaiser Ottos II. an die Peterskirche zu Aschaffenburg erstmalige Erwähnung. Die Stadtrechte wurden 1344 verliehen. Meiningen ist das **Kulturzentrum Südthüringens**. So zählt das **Meininger Theater** (Südthüringer Staatstheater Meiningen) zu den traditionsreichsten Häusern Deutschlands. Oper, Operette, Konzerte, Schauspiel, Musical, Tanz/Bal-

Hotel Sächsischer Hof, 1797-1802, 1826 und um 1900

Südthüringer Staatstheater Meiningen, 1908/09 von Architekt Karl Behlert

Schloss Elisabethenburg, 1682–1692

Theatermuseum, 1797

Kunsthaus Meiningen in der Alten Posthalterei (Ernestinerstraße 14), um 1600

Postgasse mit Häusern aus dem 16. und 17. Jh.

lett und Puppentheater machen das moderne Regionaltheater aus.

Die Theater- und Kulturstadt Meiningen war Wirkungsstätte verdienstvoller Persönlichkeiten wie Ludwig Bechstein, Jean Paul, Hans von Bülow, Johannes Brahms, Max Reger und Rudolf Baumbach. Die Staatlichen Museen Meiningen präsentieren im **Schloss Elisabethenburg** eine umfassende Sammlung, welche u. a. die Bereiche Malerei, Grafik, Plastik, Kunsthandwerk, Theater- und Musikgeschichte behandelt. Darüber hinaus zeigt das **Theatermuseum** auf dem Schlossgelände (Reithalle) bedeutende Theaterdekorationen des Meininger Hoftheaters aus der Zeit der Meininger Theaterreform unter Herzog Georg II.

Zu nennen sind weiterhin das **Literaturmuseum Baumbachhaus** in der Burggasse 22, das

Neue Kammerspiele des Meininger Theaters und die Städtische Galerie ADA (Bernhardstraße 3), klassizistisches Gebäude, 1831 als jüdisches Kaufhaus erbaut, danach mehrere Erweiterungen bes. um 1900

Stadtpfarrkirche Unserer Lieben Frauen

oben: Büchnersches Hinterhaus
(Georgstraße 20) von 1596
rechts: Ratsstube, um 1600
unten: Henneberger Haus, 1894–1895
vom Architekten und Oberbaurat
Eduard Fritze

„Rodelblitz"

Kunsthaus Meiningen und der **Englische Garten** mit bedeutenden Denkmälern zu Ehren von Johannes Brahms, Max Reger, Ludwig Bechstein und Jean Paul. Weitere geschichtsträchtige Häuser wie das Hotel-Restaurant Schlundhaus, das Henneberger Haus und der Sächsische Hof, ja das gesamte Stadtbild mit der hoch aufragenden evangelischen **Stadtpfarrkirche Unserer Lieben Frauen**, der Katholischen Kirche St. Marien und der **Fußgängerzone** machen das bezaubernde Flair der Stadt aus. Zusätzlich überqueren schöne Brücken die Werra.

Am Flutgraben 2 ist das Dampflokwerk zu finden, das einzige Werk der Deutschen Bahn AG, in dem noch heute historische Dampfloks repariert werden. Das Werk kann besichtigt werden und besonders empfehlenswert sind Fahrten mit dem Dampflokzug, der mehrmals im Jahr beliebte Ziele ansteuert. Die alljährlichen Dampfloktage in Meiningen begeistern tausende Besucher von der Welt aus Eisen und Dampf.

Einmalig ist auch die **Goetz-Höhle** Am Dietrich, die größte für den Besucher zugelassene Kluft- und Spalthöhle Europas.

Hausberg von Meiningen ist der 793 Meter hohe **Dolmar**, ein gewaltig erscheinender Berg vulkanischen Ursprungs mit archäologischen Zeugnissen aus der Keltenzeit. Zu erreichen ist der Berggipfel mit Restaurant über Kühndorf. Am Fuße des Dolmars befindet sich die **Flugschule**. Sie bildet Flugschüler im Drachen- und Ultraleichtfliegen aus.

Gegenüber dem Dolmar, südlich der Werra, erhebt sich auf einem etwa 380 Meter hohen Berggipfel das **Schloss Landsberg**. Einzigartig und prächtig ist die Innenausstattung mit gotisch stuckierten figurierten Decken. Vorgänger war die Burg Landeswehre, die wichtigste der drei würzburgischen Höhenburgen zwischen Meiningen und Walldorf zur Sicherung bedeutender Handelsstraßen.

Schloss Landsberg

MÄRCHENHÖHLE WALLDORF

Meiningen hinter sich lassend, am Schloss Landsberg vorbei, gelangt man nach kurzer Wegstrecke zum attraktiven **Hotel-Restaurant Brückenmühle**. Die heimische Küche bietet nicht nur Thüringer Klöße mit Rouladen oder Thüringer Rostbratwürste an, auch andere kulinarische Köstlichkeiten der Region, wie z. B. Wild- und Fischgerichte, sind hier zu genießen.

Gut gestärkt und erholt ist **Walldorf** das nächste Ziel. Der Ort liegt zu Füßen des Kirchberges und wurde – zusammen mit Meiningen – erstmals 982 als „Wachdorf" erwähnt.

Die **Kirchenburg Walldorf** gehört zu den bedeutendsten ihrer Art in Südthüringen. Auf einem 11 Meter hohen, zum Teil durch einen Halsgraben isolierten Sandsteinfelsen gelegen, bestimmt sie das Ortsbild. Im April 2012 brannte das Bauwerk vollständig aus und wird seither umfassend rekonstruiert.

Sehenswert ist auch der **Gewölbebrunnen** in der Brunnengasse mit zwei getrennten Schöpfstellen für die christliche und die jüdische Gemeinde.

Walldorf ist aber vor allem wegen der als **Märchenhöhle** gestalteten **Sandsteinhöhle** bekannt, die ein gern besuchtes Ausflugsziel für Familien darstellt. Das durch den Abbau von weißem Sand entstandene Höhlensystem erstreckt sich auf einer Fläche von 65 000 Quadratmetern. Inmitten der ausgearbeiteten Gewölbe und circa 2500 Stützen verzaubern 30 Märchenbilder die Besucher. Ein kleiner Freizeitpark mit Kiosk und Café sorgen für einen angenehmen Aufenthalt.

Hotel-Restaurant Brückenmühle

Märchenhöhle

ÜBER HERPF INS BRUNNENDORF STEPFERSHAUSEN

Hin und wieder müssen wir das Werratal verlassen, um nicht Höhepunkte unserer touristischen Reise in der Vorderrhön zu verpassen.

So kommen wir zunächst nach **Herpf** mit seiner stattlichen Kirche. Nachdem man den Ort passiert hat, empfangen der **Wächter** und der **Hüter** die in **Stepfershausen** Ankommenden. Hierbei handelt es sich um den Kirchen- und den Torturm, die sich in unmittelbarer Nähe zueinander befinden. Im Dorf gibt es darüber hinaus 13 je mit einem Spruch versehene **Laufbrunnen**, ein funktionierendes **Backhaus** und bemerkenswerte **Fachwerkhäuser**.

Dorfmittelpunkt ist der Gänsebrunnen mit dem Backhaus. Der am Brunnen angebrachte Spruch bringt den Leser zum Schmunzeln.

Stepfershausen

Backhaus und Gänsebrunnen

Es ist erstaunlich, was zum jährlichen **Backhausfest** geboten wird. 2016 gestalteten die Kindertanzgruppe, der Männerchor des Dorfes und weitere Gastgruppen für die vielen Gäste ein buntes Programm lebendiger Volkskunst. Und im Backhaus wurde Kuchen gebacken – auch Rahmkuchen, ein Kuchen, wie es ihn nur in den Rhöndörfern gibt.

Auch in anderen Dörfern der thüringischen Rhön gehören Backhausfeste zum Jahresprogramm, organisiert von diversen Vereinen (z. B. dem Verein der Landfrauen) und Gruppen.
Seit vielen Jahrzehnten besteht in Stepfershausen auch eine **Trachtengruppe**, die sich um die Pflege bäuerlich-dörflichen Brauchtums verdient macht. Diese war sogar schon in Australien zu Gast.

Backhausfest

Kindertanzgruppe Stepfershausen

VOM WESTERNTURNIER IN DÖRRENSOLZ ZUM KUNSTDORF OEPFERSHAUSEN

Wo sich einst die Kinder der Bergleute des Kalikombinats erholten, ist jetzt in Dörrensolz, zwischen Stepfershausen und Oberkatz gelegen, der **Reit- und Ferienpark Dörrensolz** zu finden. Eingebettet in ein ruhiges Tal in schöner Rhönlandschaft ist der Ferienpark Austragungsort lebhafter **Westernturniere**, so zuletzt das 7. Westernturnier am 6. und 7. August 2016, nicht nur für Liebhaber des Pferdesports und der Westernkultur eine echte Bereicherung. Nach Dörrensolz empfängt uns **Oberkatz**, in dem man noch am 2. Februar Lichtmeß feiert. Ein **Schäferweg** macht Wandern interessant und führt durch schöne Landschaft. Mit einem zünftigen Fest feiert man in Oberkatz den Weideabtrieb.

Viel Kultur hat das beschauliche Dorf **Oepfershausen** zu bieten. Dank einer Initiative des Kunstfreundes Hellmut Wolff kam es vor über 20 Jahren zur Gründung einer **Kunststation**, die

Oepfershausen

Kunststation

Schloss Sinnershausen

das Dorf und das Leben vieler Einwohner verändert und Oepfershausen weit über die Landesgrenzen hinaus bekannt gemacht hat. Der ehemalige Landrat Ralf Luther schrieb dazu: „Mutig und unverdrossen führte Hellmut Wolff die Kunststation zu dem, was sie heute ist – eine der künstlerischen Keimzellen der Rhön." Die Kunststation bietet für Kinder, Jugendliche und Erwachsene ein umfangreiches Kreativprogramm. Ein Kunstfest ist der jährliche Höhepunkt.
Dorfmittelpunkt ist das **Schwarze Schloss**, ein durch die Familie von Auerochs (1330–1731) und von Herda (1595–1711) geprägter Gutshof, der für heutige Bedürfnisse aufwendig saniert wurde.

Hier entsteht auch ein kleines Naturmuseum. Unweit des Dorfes, am nahen Hahnberg, zeigt die **Turmuhrklause im Amönenhof** Interessantes über die Zeitmessung vergangener Jahrhunderte, z. B. historische Turmuhrwerke und Schlagwerkzeuge, die zum Teil noch funktionieren.
Im nächsten Dorf, in **Friedelshausen**, steht noch eine stattliche Zentlinde, unter der der Zentgraf mit seinen 14 Schöffen zu Gericht gesessen haben soll.
Hümpfershausen rühmt sich des **Schlosses Sinnershausen**, eines im Schweizer Stil erbauten Schlösschens, früher Bildungsstätte der Jugendfeuerwehr, heute Jugendherberge.

Schwarzes Schloss

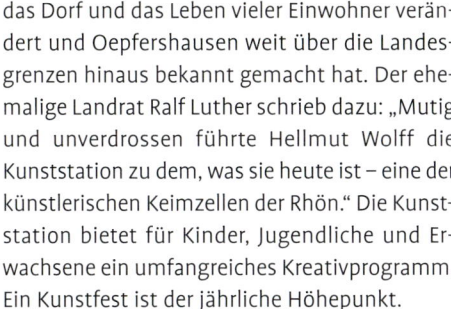

DAS SEEROSENWUNDER BEI ECKARDTS UND DAS DORF ZILLBACH

Fluss-und Bachläufe gibt es reichlich in der Rhön, seltener Seenlandschaften. Eine solche aber ist unweit des Dorfes **Eckardts** vorhanden. Hier findet man kleine Stauseen in offener Landschaft. Auf dem Weg zwischen Eckardts und Zillbach, gleich hinter einer Anhöhe, leuchtet das frische Grün eines schmalen Tales im sonst sehr weiträumigen Wald der Zillbacher Forsten. Darin eingebettet liegen zwei kleine Seen, eher Teiche, die man linkerhand nicht überschauen kann. Im sommerlichen Sonnenlicht strahlen unzählige Seerosen um die Wette. Die Farbenpracht in herrlicher Umgebung ist beeindruckend. So kommen Besucher von nah und fern, um den **Seerosenteich an der Winde** und die umgebende Landschaft zu genießen, denn lauschige Sitzgruppen laden hier zum Verweilen ein.

Es fällt schwer, sich von diesem Ort zu trennen und sich **Zillbach** zuzuwenden, das talwärts nur wenig entfernt zu finden ist. Das Dorf ist bekannt geworden durch **Johann Heinrich Cotta** (1763–1844), den Begründer der Forstwirtschaft, der in der Nähe des Ortes geboren wurde und hier seine private Forstlehranstalt betrieb. Von 1795 bis zur Umsiedlung nach Tharandt im Jahre 1810/11 befand sich diese im unmittelbar neben der Kirche gelegenen Jagdschloss. Das 1997 in seinem Andenken eröffnete Forsthistorische Kabinett bietet Wissenswertes zur Geschichte

Seerosenteich bei Eckardts

Zillbach

der Forstwirtschaft. Des Weiteren gibt es in Zillbach eine Heinrich-Cotta-Straße und den Heinrich-Cotta-Platz, auf dem sich auch ein Gedenkstein zu Ehren des bedeutenden deutschen Forstwissenschaftlers befindet.
Noch heute ist die **Forstbaumschule Heinrich Cotta** in Zillbach weithin bekannt und gefragt. Als Seltenheit gelten zudem die sehenswerten Forstbotanischen Anlagen bei Wasungen.

Im Zillbacher Forst

ROSSDORF UND DAS BAYERNDENKMAL

*N*ach Eckardts zurückgekehrt, macht das etwas größere **Roßdorf** neugierig. Es hat allerhand zu bieten.
Wo nahe der verbliebenen Kutte einst Sümpfe waren, findet man heute ein Dorf mit gut ausgebauter Infrastruktur, einem Schloss, einem Kulturhaus, Räumlichkeiten für ständige Ausstellungen und einem großen Festplatz unter schattenspendenden Bäumen.
Das Schloss, ein schlichter zweigeschossiger Bau mit vorgelagertem rundem Treppenturm, war ehemals von einem Wassergraben umgeben. Das im Wesentlichen aus dem 17./18. Jahrhundert stammende Bauwerk wurde bis in die Mitte des 19. Jahrhunderts vom Adelsgeschlecht der von Geyso bewohnt. Über dem Eingang verweist noch das Wappen auf die ursprünglichen Besitzer. Seit 2006 befindet sich das Anwesen in Privatbesitz; im Schlossgarten ist heute ein kleiner Campingplatz zu finden.
Das ebenfalls im Dorf zu entdeckende sogenannte **Bayerndenkmal** und ein **Gedenkstein** erinnern an die Schlacht zwischen preußischen und bayrischen Truppen im **Deutschen Krieg**, die am 4. Juli 1866 zwischen Roßdorf und Wie-

Gedenkstein am Nebel

senthal stattfand. Ein kleines Museum im Gutsspeicher des Schlosses und zahlreiche Veranstaltungen halten ebenso die Erinnerung an das Gefecht am Nebel wach.
Eine kleine **Galerie** im Gutshof präsentiert Werke zeitgenössischer Künstler, so auch vom bekannten Maler Walter Nickel aus Roßdorf, der 2016 verstorben ist.

Roßdorf

Schloss in Roßdorf

Roßdorfer Kutte

DAS WANDERHÜTTENPARADIES UND DIE WIESENTHALER SCHWEIZ

Von Roßdorf ist es nicht weit bis zum **Hüttenparadies**. Dabei handelt es sich um drei Hütten, die allesamt fantastische Aussichten bieten.

Der von Roßdorf aus zu erreichende **Roßhof** ist mit keltischen Kletterelementen ausgestattet und ganzjährig immer sonntags ab 11 Uhr geöffnet (Tel.: 036968/5080). An der **Hümpfershäuser Hütte** schweift der Blick über das Werratal bis zu den Bergen und Wäldern des Thüringer Waldes (von März bis Oktober sonntags ab 10 Uhr geöffnet, Tel.: 036940/50326). Keltisch anmutende Kletterelemente erinnern auch hier an die Keltenwelt Rhön. Dritte im Bunde ist die **Roßberghütte** mit einem sagenhaften Ausblick über Wiesenthal, die Wiesenthaler Schweiz und die Berge Horn, Stopfelskuppe und Pleß bis hin zum Baier. Sie ist von Mai bis Oktober immer sonntags ab 10 Uhr geöffnet.

Hümpfershäuser Hütte

Roßhof

Roßberghütte

Blick auf Wiesenthal

Weil man von hier aus eine besonders beeindruckende Fernsicht genießen kann, haben das SRH Zentralklinikum Suhl, die Tageszeitung Freies Wort und die Südthüringer Zeitung eine Bank mit der Aufschrift „Südthüringens schönste Aussicht" aufstellen lassen. Solche Bänke erhalten besonders exponierte Aussichtspunkte.

Die Roßberghütte kann man auch gut über den Pappelweg von Wiesenthal her erreichen, zumal man dabei direkt durch die unter Naturschutz stehende **Wiesenthaler Schweiz** kommt, jenes große, fast legendäre Kalkmagerrasengebiet mit einzigartiger Flora.

Golddistel

Wiesenthaler Schweiz

DAS WESTERNDORF IM ROSATAL

Forellenbach

Etwa bei Roßdorf beginnend, schlängelt sich das schmale, kurvenreiche **Rosatal** mit den Dörfern Rosa, Georgenzell und Helmers bis ins breite Werratal bei Wernshausen. Im grünen Wiesengrund sprudelt ein Forellenbach und an der Straße stehen hohe Bäume des nahen Mischwaldes.

Der Ort **Rosa** ist von Feldern und Wiesen im hier noch sehr weiträumigen Tal umgeben. Vom Dorf ist es nicht weit zu jenen Bergen, die das charakteristische Profil der Rhönberge ausmachen, wie die Stopfelskuppe und der Pleßberg. Das Ortsbild wird bereichert durch die attraktive **evangelische Filialkirche** mit ihrem ungewöhnlich breiten Westturm, der ursprünglich ein Wachturm aus dem 13. Jahrhundert gewesen sein könnte.

Auf den dorfnahen Wiesen sieht man Pferde weiden, was nicht ungewöhnlich ist, da am Ortsrand ein **Westerndorf** nachgestaltet wurde. Die „**Ponde Rosa**" ist ein beliebter Aufenthaltsort für Naturfreunde, Westernfans und Reiter. Man kann hier Urlaub machen, reiten und sich erholen.

Talwärts ist als übernächstes Dorf **Helmers** wohl auch deshalb interessant, weil über den

Stopfelskuppe

Kirche in Rosa

Dächern der Wohnhäuser hoch auf dem Berggipfel Mauerreste der **Burgruine Frankenberg** zu sehen sind. Die um 1200 erbaute Burganlage war im Mittelalter Stammsitz der Herren von **Frankenberg** und wurde im Bauernkrieg zerstört. Erhalten sind Mauerreste des Palas und der heute noch 24 Meter hohe Bergfried, der zu den schönsten und größten des Werratals gehört.

Im Werratal angekommen, besuchen wir zuerst Wasungen.

Burgruine Frankenberg

Ponde Rosa

DAS KARNEVALSSTÄDTCHEN WASUNGEN

Zweifelsohne ist das an der Werra gelegene, 874 erstmals erwähnte **Wasungen** mit der historischen Altstadt, den engen Gassen und Stiegen ein romantisch anmutendes Kleinstädtchen. Mit seinem fast mittelalterlichen Flair gehört es zu den schönsten Städten Südthüringens.

Der Marktplatz bietet sich als geschlossenes Ensemble fast durchweg traufständiger Fachwerkhäuser mit einem der ältesten und repräsentativsten Fachwerkbauten der Region, dem **spätgotischen Rathaus**, dar. Jenes wurde 1532–34 auf den Grundmauern eines Vorgängerbaus errichtet.

Im **Stadtmuseum** (um 1600) befinden sich die Touristinformation, eine Ausstellung zur Geschichte der Stadt und des Damenstiftes und das **Karnevalmuseum**.

Stadtmuseum

Rathaus in Wasungen

Wasungen ist eine **Hochburg deutschen Volkskarnevals** mit jahrhundertealter Tradition. 2015 feierte man hier 480 Jahre Karneval. Die humorvolle Art der Einwohner belebt die Karnevalsumzüge, sprichwörtlich auch die Wasunger Streiche. Zahlreiche Besucher kommen jedes Jahr zu den Karnevalsveranstaltungen.

Ein beliebtes Ausflugsziel ist die **Burgruine Maienluft**, die sich hoch über die Stadt erhebt. Sie war Verwaltungssitz des Henneberger Grafen, später Wehranlage, Wohnsitz des Pächters, ab 1897 Gastwirtschaft und bis 1991 Ferienheim. 1992 aufwendig saniert, ist sie heute Gaststätte und Hotel. Ruinenreste befinden sich nahebei.

Burg Maienluft

BREITUNGEN UND SEIN AKTIVMUSEUM – LÄNDLICHES BRAUCHTUM

Breitungen

Breitungen, als „bretiga" 933 erstmals urkundlich erwähnt, ist an einem wichtigen Flussübergang am Oberlauf der Werra entstanden. Das heute große Dorf setzt sich aus drei weitgehend miteinander verschmolzenen Siedlungskernen zusammen: dem ehemaligen Altenbreitungen und Frauenbreitungen am linken und Herrenbreitungen am rechten Werraufer.

In Frauenbreitungen ist der Ortskern mit **Marktplatz** bestimmend und in Herrenbreitungen wird das Ortsbild nachhaltig geprägt von einer Baugruppe auf einem bis nahe an die Werra heranreichenden Berghügel, bestehend aus der **romanischen Basilika**, dem **Renaissanceschloss** und der **Michaeliskirche**.

Im Schloss betreibt das **Aktivmuseum – Ländliches Brauchtum** mittels Brotbacken, Buttern, Spinnen, einer Kräuterwertstatt u. a. Traditions-

Romanische Basilika

pflege (geöffnet von Mai bis Oktober, Öffnungszeiten unter Tel.: 036848/88221).
Auf dem Weg in den Pleßwald, der zum Gipfel des Pleßberges führt, sieht man Breitungen an einem großen **Kiessee** liegen, auf dem sich viele Wasservögel wie Enten, Grau- und Nilgänse, Haubentaucher, Teichhühner, Schwäne u. a. wohlfühlen – ein schönes Erholungsgebiet und Landschaftsbild.

Kiessee bei Breitungen

DER PLESSBERG

Im Gasthaus „Seeblick" am Waldrand kann man einkehren und sich für den Aufstieg auf den 645 Meter hohen Pleßberg stärken. Vom **Aussichtsturm** hat man einen grandiosen Fernblick über die Berge der Rhön, den Vogelsberg, nördlich bis zum Harz, östlich zum Thüringer Wald bis zu den Gleichbergen bei Römhild und weiter zum Steigerwald.

Im großen Waldgebiet des Pleßberges ist der König der Wälder zu Hause, der **Rothirsch**. Darüber hinaus leben hier zahlreiche Rehe sowie Tiere, die dem Schwarzwild zuzurechnen sind, aber auch Füchse, Waschbären und Marder. Die prächtige Fauna und Flora ist Heimstatt heimischer Jäger, der Freunde der Natur und des Naturschutzes. Diese wenden viel Freizeit und Kraft auf, um möglichst im Einklang mit der Natur dazu beizutragen, dass sich Wald und Wild in einem gesunden Verhältnis zueinander entwickeln, Vielfalt und Artenreichtum in Flora und

Pleßturm

Gasthof „Seeblick"

Tiere im Pleßwald

Fauna erhalten bleiben und Schäden in Flur und Wald vermindert werden.
Einzelansitz und Gemeinschaftsjagden, die Hege des Wildes und der Naturschutz sowie das jagdliche Brauchtum sind wertvolles Kulturgut.

Man entsinnt sich des heiligen Hubertus und übt das Weidwerk mit Dianas Segen aus. Im September, im Monat der Brunft des Rotwildes, ist lautstarker Hochbetrieb im Pleßwald – die hohe Zeit der Jagd.

SOLESTADT BAD SALZUNGEN

Bad Salzungen, die Kreisstadt des Wartburgkreises, zählt zu den bedeutendsten Kurstädten Deutschlands. Gelegen am Flusslauf der Werra, dort, wo die Landschaft im grünen Herzen Deutschlands – in Thüringen – mit am schönsten ist, sprudeln Solequellen besonderer Qualität. Einmalig ist die hier vorkommende Sole von einem, sechs und siebenundzwanzig Prozent.

Schon die Kelten wussten die Salzquellen zu nutzen und seit über 100 Jahren dienen sie zunehmend der Gesundheit der Menschen. Bad Salzungen zählt zu den ältesten Heilbädern und traditionsreichsten Kurorten des Landes.

Schmuckstück der Stadt und Mittelpunkt des Kurbetriebes ist die **Solewelt** Bad Salzungen, vordem als Keltenbad bekannt. Am Flößrasen

Hauptbau der Solewelt

Seepromenade

Kurhaus am See

Marktplatz mit Rathaus und evangelischer Stadtkirche

Kinderklinik Charlottenhall

Haunscher Hof

Katholische Pfarrkirche St. Andreas

befinden sich das Gradierwerk, ein Sole-Aktivbad, Trinkhalle, Saunaland, Wohlfühl- und Gesundheitszentrum, eine Meersalzgrotte, dazu Info-Zentrum und Verwaltung.

Auf einem dreiseitig bebauten Platz steht der zweigeschossige **Hauptbau mit Eckpavillon**, **Mittelrisalit** und **Uhrtürmchen** im hennebergischen Fachwerkstil, um 1890 erbaut.

Musikpavillon, ehemalige Trinkhalle, Restaurant, Café und der gärtnerisch schön gestaltete Garten sind oft Spielstätten anspruchsvoller Kulturveranstaltungen.

Bad Salzungen hat allerdings noch weitere Sehenswürdigkeiten zu bieten, z. B. das **Rathaus**, das als schlichter dreigeschossiger Mansarddachbau mit Dreiecksgiebel, Uhrenerker und Dachreiter den Marktplatz schmückt.

Unweit davon befindet sich der **Haunsche Hof**, der einst Bergmannensitz war und in dem der Kulturverein der Stadt Kleinkunst der verschiedensten Art anbietet. Vom Restaurant und dessen Terrasse aus kann man den Burgsee sehen. **Burgsee und Burgseepromenade**, der Rathenaupark, die zahlreichen schönen Villen am Seeufer, das Kurhaus am See, all das

Evangelische Stadtkirche St. Simplicius

Ruine der Husenkirche

Verein Frankensteingemeinde

Stadtmuseum „Türmchen"

macht den besonderen Charme der Stadt aus. Dazu kommen weitere bedeutende, zu Kunstdenkmälern zählende Gebäude wie das **Sanatorium und die Kinderklinik Charlottenhall,** die **evangelische Stadtkirche St. Simplicius,** die **katholische Pfarrkirche St. Andreas**, die Kirche „St. Wendel" und nicht zuletzt die **Ruine der Husenkirche** auf dem Friedhof. Letztere war die ältere Kirche der Salzunger Mark, als Holzkirche 724 von Bonifatius geweiht. Bedeutsam sind auch die Initiativen, diesen geschichtsträchtigen Ort zu bewahren.

Ortsteile von Bad Salzungen sind Kloster Allendorf, Wildprechtroda, Kaltenborn, Langenfeld und Hohleborn.
Über die Werrabrücke und durch Kloster Allendorf kommt man hoch auf den Frankenstein zu den **Ruinen** der **Burg Frankenstein**. Sie bietet sich heute als Kunstruine dar, die vor 125 Jahren am Ort der Mauerreste der alten Ruine erbaut worden war. Von hier kann man das Werratal mit Bad Salzungen wunderbar überblicken. Neben der Burgruine befindet sich das Haus des

Schloss in Wildprechtroda

Rhönklubzweigvereins Bad Salzungen. Der Verein Frankensteingemeinde belebt alte Traditionen zur Pflege dieses Ausflugszieles.
Im Panoramahotel „Am Frankenstein" ist man gut aufgehoben und kann dazu noch den Moorgrund und die Berge des Thüringer Waldes sehen.
Im Ortsteil **Wildprechtroda** erfreut der Anblick eines schönen Schlosses den Besucher. Das **Schloss der Familie von Butler** befindet sich heute wieder in Privatbesitz. Die Außenfassade des Anwesens, ursprünglich eine Wasserburg aus dem 13. Jahrhundert, ist reich mit Schmuckelementen verziert.
Neben dem Schloss befindet sich die wuchtig wirkende Chorturmkirche, die von einer Zwiebelhaube bekrönt ist.

Waldgaststätte „Hundskopf"

Ein beliebtes Ausflugsziel der Einwohner von Bad Salzungen und Umgebung ist die **Waldgaststätte „Hundskopf"**, die in neuen Farben erstrahlt und sich somit wirkungsvoll vom alles beherrschenden Grün des Waldes abhebt (geöffnet Freitag bis Sonntag ab 11 Uhr, Tel.: 0170/2841089). Den „Hundskopf" erreicht man von der Dorfmitte Leimbachs aus auf einem einigermaßen gut ausgebauten Weg.

RUND UM DEN KRAYENBERG

Bevor die Werra von Bad Salzungen kommend die thüringische Rhön in Vacha verlässt, fließt sie im sonst weiten Tal an einem Berg vorbei, der das Aussehen dieser Landschaft bestimmt: der 428 Meter hohe **Krayenberg**. Man kann von Kieselbach her hochlaufen oder fährt bequemer von Tiefenort auf den Berg. Hoch oben befindet sich, von Buchen umstanden, die **Ruine** der **Krayenburg** mit ihrem hohen Turm, der über den Baumwipfeln von weither zu erkennen ist.

Die im Dreißigjährigen Krieg zerstörte Burg war ursprünglich eine ausgedehnte Anlage mit Ringmauer und Türmen um den inneren Burghof mit Palas und Burgfried, davor Zwinger und Halsgraben mit Zugbrücke.

1927 wurde hier eine Gastwirtschaft als historisierendes Burggebäude mit Turm erbaut, die bis heute ein beliebtes Ausflugsziel ist und auch für größere Festlichkeiten genutzt wird. Hotel und Restaurant sind weithin bekannt.

Wieder der Werra zugewandt, liegt unweit die Bergarbeitergemeinde **Merkers**, in der sich das **Erlebnisbergwerk Merkers** befindet, ein Schaubergwerk anstelle des ehemaligen Salzbergwerkes, das heute zur K+S Kali GmbH gehört.

In ihm kann nachvollzogen werden, unter welch schwierigen Bedingungen tief unter den Hügeln und Bergen der Rhön das weiße Gold, die Kalisalze, abgebaut wurden und werden. Funkelnde **Salzkristalle** von einzigartiger Größe kann man circa 700 Meter unter der Erdoberfläche in der **Kristallgrotte** bewundern und den historischen Goldraum des legendären Reichsbankschatzes besichtigen.

Mit dem Förderkorb erreicht man in 500 Metern Tiefe einen großen Bunker mit kathedralartiger Dimension, in dem **Konzerte** und andere **Musikveranstaltungen** dargeboten werden, deren Klang ihresgleichen suchen (Information und Anmeldung: Tel.: 03695/614101).

Unsere an Höhepunkten reiche Reise durch die thüringische Rhön bietet uns am Ende noch ein besonders schönes Fleckchen Heimat an: das unweit vom Krayenberg und von Kieselbach

Kieselbach und der Krayenberg

Krayenburg

idyllisch gelegene **Frauensee**. Am anheimelnden gleichnamigen See gelegen und von lieblicher, waldreicher, hügeliger Landschaft umgeben, ist das Dorf ein beliebter Naherholungsort.
An sonnigen Tagen spiegeln sich die Häuser im See, die im aufsteigenden Uferbereich angesiedelt sind. Sogar die aus roten und gelben Sandsteinen erbaute **Kirche** spiegelt sich im Dorfteich. Des Weiteren ist das 1991 restaurierte **Herrenhaus** auf dem großen Dorfplatz beachtenswert. Der zweigeschossige Steinbau mit Treppengiebel in Renaissanceformen wird heute zum großen Teil als Heimatmuseum genutzt. Das Herrenhaus wurde 1633–34 als Amtmannswohnung erbaut und befand sich seit

Erlebnisbergwerk Merkers

Kristallgrotte

Frauensee

Schloss in Frauensee

Kanus auf der Werra, die in Vacha ankommen

1816 im Besitz der Herzöge von Sachsen-Weimar-Eisenach.
Im **Gasthaus „Zum Goldenen Stern"** ist man gern gesehener Gast. Hier feiern auch die Einwohner und ihre Gäste.
Einen Abstecher ist der in seiner Art einmalige **Hautsee** bei **Dönges** wert, an der B84 in Richtung Eisenach gelegen. Die erwähnenswerte Besonderheit des Sees ist die Insel, die auf seiner Oberfläche schwimmt.

Zurückgekehrt an den Flusslauf der Werra trifft man hier häufig auf Kanufahrer, die zur **Werrabrücke in Vacha** paddeln, wo unsere Reise begonnen hat. So schließt sich der Kreis schöner Reisewege durch die thüringische Rhön. Kommen Sie, liebe Leser, um sich selbst zu überzeugen, was es da Schönes zu sehen, zu erleben und mitzugestalten gibt. Wer in der Rhön zu Hause ist, kann stolz auf seine Heimat sein.
Den Gästen ein herzliches Willkommen!

Brücke der Einheit in Vacha

Die Sonne erhellt den neuen Tag,
der Glück und Freude bringen mag.

Wanderlied
Wenn der Tag froh erwacht

Text u. Musik: Walter Höhn
Satz: Herbert Schier

WICHTIGE ANSPRECHPARTNER

Tourist-Information Bad Salzungen
Im Museum am Gradierwerk
Am Flößrasen 1
36433 Bad Salzungen
Tel.: 0 36 95/69 34-20
E-Mail: willkommen@badsalzungen.de
www.badsalzungen.de

Gästeinformation Breitungen
Rathausstraße 22
98597 Breitungen
Tel. 036848/88221
E-Mail: gaesteinfo@breitungen.de
www.breitungen.de

Gemeindeverwaltung Krayenberggemeinde
Bahnhofstraße 11
36460 Dorndorf
Tel.: 036963/237-0
E-Mail: info@krayenberggemeinde.de
www.krayenberggemeinde.de

Fremdenverkehrsverein Geba
Marktgasse 106
98617 Rhönblick OT Helmershausen
Tel.: 036943/2300
E-Mail: eg.rb@gemeinde-rhoenblick.de
www.hohe-geba.de
www.gemeinde-rhoenblick.de

Verwaltungsgemeinschaft Hohe Rhön
Hauptstraße 18
98634 Kaltensundheim
Tel.: 036946/2160
E-Mail: tourismus@vgem-hoherhoen.de
www.vgem-hoherhoen.de

Tourist-Information Meiningen
Ernestiner Straße 2
98617 Meiningen
Tel.: 03693/44650
E-Mail: tourist.info@meiningen.de
www.meiningen.de

Gemeinde Unterbreizbach
Heinrich-Heine-Straße 3
36414 Unterbreizbach
Tel.: 036962/5120
E-Mail: info@unterbreizbach.de
www.unterbreizbach.de

Heimatmuseum und Touristinfo Dermbach
Kirchberg 5
36466 Dermbach
Tel.: 036964/86286
E-Mail: info.gemeinde@dermbach.net
www.dermbach.net

Fremdenverkehrsbüro Geisa
Marktplatz 27
36419 Geisa
Tel.: 036967/69115
E-Mail: pagel_e@geisa.de
www.geisa.de

Einheitsgemeinde Kaltennordheim
Wilhelm-Külz-Platz 2
36452 Kaltennordheim
Tel.: 036966/7780
E-Mail: info@kaltennordheim.de
www.kaltennordheim.de

Fremdenverkehrsamt Stadtlengsfeld
Amtsstraße 8
36457 Stadtlengsfeld
Tel.: 036965/67217
E-Mail: fremdenverkehr@stadt-stadtlengsfeld.de
www.stadt-stadtlengsfeld.eu

Einheitsgemeinde Vacha
Markt 4
36404 Vacha
Tel.: 036962/26139
E-Mail: Kathleen.Dorsch@vacha.de
www.vacha.de

Tourist-Information Wasungen
Untertor 1 / Damenstift
98634 Wasungen
Tel.: 036941/71505
E-Mail: info@wasungen.de
www.wasungen.de

Infostelle des Biosphärenreservates Rhön
Propstei Zella
Goethestraße 1
36452 Zella
Tel.: 036964/93510
E-Mail: propsteizella@web.de

LITERATURAUSWAHL

Georg Dehio:
Handbuch der deutschen Kunstdenkmäler – Thüringen, Berlin 1998.

August Herbart:
Rhönklänge, Kaltennordheim 1937.

Walter Höhn:
Die thüringische Rhön – Eine Kulturlandschaft, Petersberg 2007.
Auf den Spuren der Kelten in der Rhön, im Fuldaer Land und im Grabfeld, Petersberg 2009.

Bodo Kühn:
Der Rhön-Paulus, Fulda 1990.

Paul Lehfeldt/Georg Voss:
Bau- und Kunstdenkmäler Thüringens, Jena 1907.

Günter Kaiser:
Meine Heimat (Kirchen – Landschaften – Denkmäler), Bad Salzungen 1997.

Rhönforum e. V. Geisa:
Entdeckungstouren durch die Thüringer Rhön, Geisa 2015.

Flyer des Rhönforums, der Point-Alpha-Stiftung, der Thüringer Verwaltungsstelle des Biosphärenreservates, der Stadt Meiningen

Martin Görner:
Bernshäuser Kutte im Biosphärenreservat Rhön: die Entwicklung eines Naturschutzgebietes in 70 Jahren, Jena 2015.

Ludwig Wucke:
Sagen der mittleren Werra, der angrenzenden Abhänge des Thüringer Waldes, der Vorder- und hohen Rhön ..., Eisenach 1891.

BILDNACHWEIS

Karl-Friedrich Abe: S. 55 o. M., o. r.
Rainer Beichler: S. 94 o.
Romana Blum-Bellinger: S. 23
Rudolf Diemer: S. 15 o. l., 35 u., 58 o. r., 61 o. l., S. 113
Winfried Holzhauer: S. 23 u., 48 o., 71 o.
Michael Imhof: S. 89 o., 90 o., 91, 93 u.
Heiko Matz: S. 118 o.
Lutz Rommel: S. 25 u., 29 o. l.

Wolfgang Imhof: S. 37 u. r.
Heike Schmidt: S. 76 o. l.
Dieter Trautwein: S. 76 u.
Ralf Trautwein: S. 113 o. r.
Robert Trautwein: S. 8
K + S: S. 121 u. r.
Walter Höhn: alle weiteren Farbaufnahmen

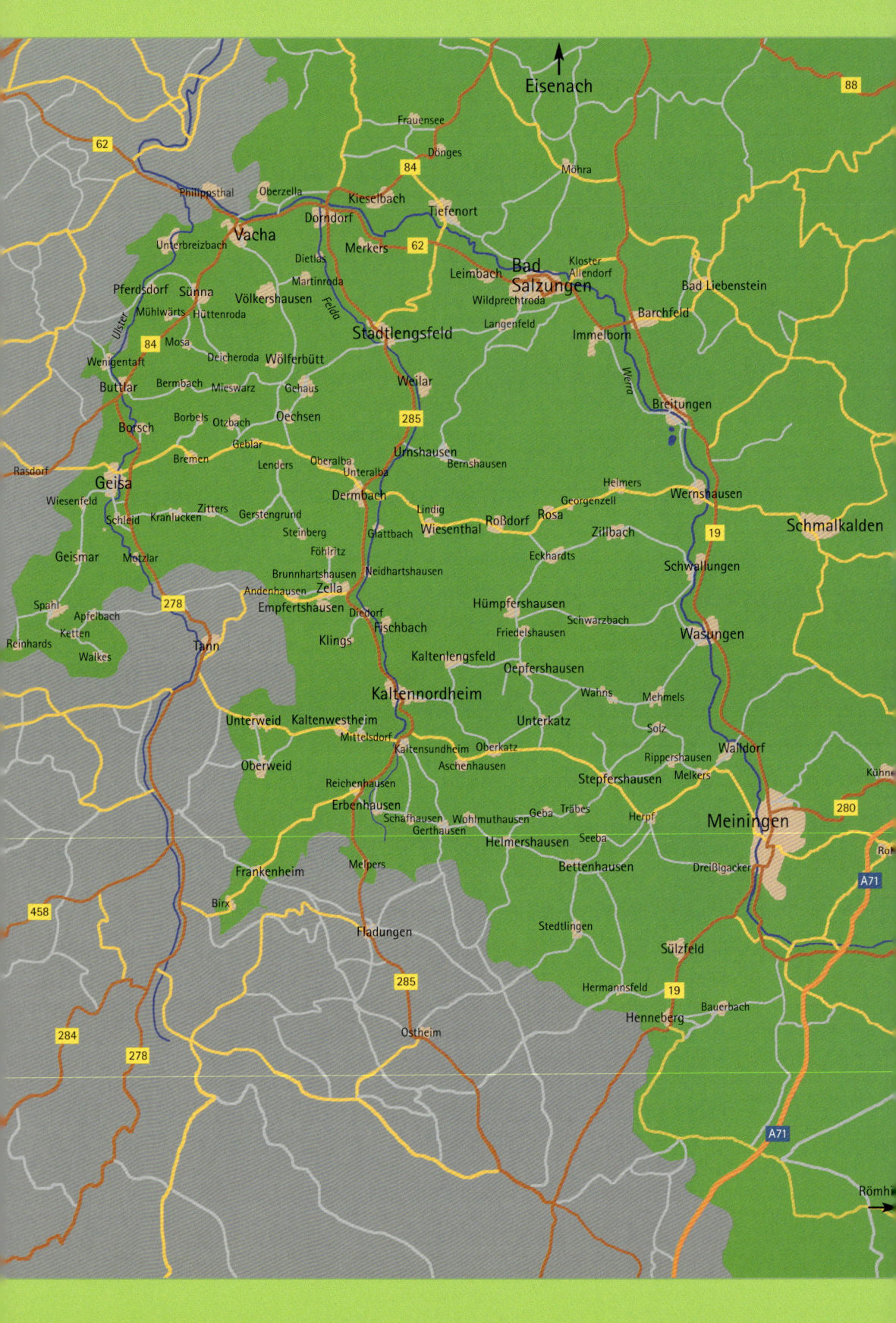

Oliver Dickhäuser (2025). ... ngstest für den Bachelorstudie... grefe.

In den Übungsaufgaben für den 2. Testteil: Schlussfolgerndes Denken numerisch sind die Aufgaben 4 und 5 auf der Seite 38 fehlerhaft. Wir bitten, dies zu entschuldigen. Im Folgenden finden Sie die korrigierten Aufgaben:

Aufgabe 4
In einer Umfrage wurden Abiturienten von zwei verschiedenen Schulformen (Gymnasium oder Gesamtschule) befragt, ob sie eher an naturwissenschaftlichen oder sprachlichen Inhalten interessiert sind. Dabei wurde festgestellt, dass unter den Abiturienten aus der Gesamtschule 12 % sprachliche Inhalte bevorzugen. Unabhängig von der Schulform bevorzugen 60 % aller Befragten naturwissenschaftliche Inhalte. 30 % der Befragten waren Abiturienten an der Gesamtschule. Wie viel Prozent der insgesamt Befragten sind Abiturienten von einem Gymnasium und bevorzugen naturwissenschaftliche Inhalte?

a) 18 %
b) 33,6 %
c) 70 %
d) 54 %

Die korrekte Lösung ist b.

Aufgabe 5 (Präzisierung der Aufgabe)
Tim spielt Handball und hat von seinem Trainer die Aufgabe bekommen, in den nächsten 6 Tagen insgesamt 48 km zu laufen, um seine Ausdauer zu verbessern. Tim ist hochmotiviert und möchte nicht nur das geforderte Pensum erfüllen, sondern jeden Tag zusätzlich **einen Teil der Kilometer** des Vortages wiederholen, um seine Leistung zu maximieren. Er hat täglich 1,5 Stunden Zeit, um zu laufen. Tim weiß, dass er für 4 km 30 Minuten benötigt. Wie viel Zeit kann er sich jeweils nehmen, um **einen Teil der Kilometer** vom Vortag nochmal zu laufen?

a) 36 Minuten
b) 42 Minuten
c) 54 Minuten
d) 68 Minuten

Die korrekte Lösung ist a.